丛书编委会

主　　编： 罗　群　赵小平

执行主编： 范　俊　张轲风　潘先林

成　　员： 潘先林　张轲风　范　俊　董雁伟　黄体杨
　　　　　　刘灵坪　侯明昌　娄贵品　王春桥　胡鹏飞

云大史学经典丛刊

中国上古史
讲义

顾颉刚◎著
范 俊 黄亨达◎整理

云南大学出版社
YUNNAN UNIVERSITY PRESS
·昆明·

图书在版编目（CIP）数据

中国上古史讲义 / 顾颉刚著；范俊，黄亨达整理. — 昆明：云南大学出版社，2023
（云大史学经典丛刊）
ISBN 978-7-5482-4866-8

Ⅰ. ①中… Ⅱ. ①顾… ②范… ③黄… Ⅲ. ①中国历史—上古史—研究 Ⅳ. ①K210.7

中国国家版本馆CIP数据核字(2023)第035829号

策划编辑：张丽华
责任编辑：普家华
封面设计：任 微

云大史学经典丛刊

中国上古史
讲义
ZHONGGUO SHANGGUSHI JIANGYI

顾颉刚◎著　范　俊　黄亨达◎整理

出版发行：云南大学出版社
印　　装：昆明理煌印务有限公司
开　　本：787mm×1092mm　1/16
印　　张：9.5
字　　数：150千
版　　次：2023年3月第1版
印　　次：2023年3月第1次印刷
书　　号：ISBN 978-7-5482-4866-8
定　　价：38.00元

地　　址：昆明市一二一大街182号（云南大学东陆校区英华园内）
邮　　编：650091
发行电话：0871-65033244　65031071
网　　址：http://www.ynup.com
E-mail：market@ynup.com

若发现本书有印装质量问题，请与印厂联系调换，联系电话：0871-64167045。

"学术的生命与精神"：百年来云南大学历史学发展回眸

（代序）

国立云南大学校长熊庆来先生说："夫大学之重要，不在其存在，而在其学术的生命与精神。"云南大学的史学研究已走过百年峥嵘岁月，从初建、启航、发展、沉淀以至日渐兴盛局面的开创，艰苦卓绝自毋庸多言，唯有"学术的生命与精神"，如同血液般一直灌注其中，培育了云大史学崇尚学术和经世致用兼举并用的优良传统与精神气质。时逢云南大学百年校庆即将到来之际，有必要回顾和总结云大史学发展的百年历程，以期把握方向，认清前路，走向更辉煌的明天。

一、传统奠定：1923—1949 年间的学术启航

1923—1949 年间是云大史学传统的奠定时期。1923 年，云南大学的前身东陆大学创办之初，即设立包括文、史、经学的国学门。1930 年，东陆大学由私立改为省立，其时已设立历史系。1937 年，全面抗战爆发，熊庆来先生受聘为云南大学校长，秉承"以研究高深学术，造就专门人才"的办学宗旨，聘请和邀约国内知名学者和大批内地高校人才来云大任教，并重新组建了文法学院文史系。1938 年，学校更名为国立云南大学。至 1949 年，荟萃了顾颉刚、钱穆、姜亮夫、白寿彝、袁嘉榖、方树梅、吴晗、方国瑜、尚钺、向达、陶云逵、闻宥、王庸、朱杰勤、谢国桢、翁独健、江应樑、张维华、岑家梧、纳忠、陆钦墀、瞿同祖、丁则良、徐嘉瑞、李源澄、杨堃、华岗、陈复光、刘崇鋐、吴乾就、李埏、马曜、缪鸾和、方龄贵、程应镠等一大批史学英才，极大地繁荣了云大的史学研究，奠定了云大雄厚绵长的史学传统。这一时期，云大的史学发展呈现出以下四个特点：

第一，师资力量雄厚，吸纳了诸多英才，兼聘了郑天挺、闻一多、雷海宗、吴宓、姚从吾、邵循正等众多西南联大学者在云大授课，产生了广泛的社会影响力。尤其是1937—1949年间，云南大学成为国内史学研究重镇。

第二，形成了一批影响深远的学术经典。例如，顾颉刚的《浪口村随笔》《中华民族是一个》，钱穆的《论清儒》《略论王学流变》《中国思想史六讲》，方国瑜的《麽些民族考》，白寿彝的《咸同滇变见闻录》《中国伊斯兰史存稿》，吴晗的《元明两代之"匠户"》《明代的军兵》，向达的《蛮书校注》，瞿同祖的《中国法律与中国社会》《中国封建社会》，袁嘉榖的《滇绎》，楚图南的《纬书导论》，丁则良的《杯酒释兵权考》，江应樑的《西南边疆民族论丛》《西南社会与"西南学"》，翁独健的《新元史、蒙兀儿史记〈爱薛传〉订误》，朱杰勤的《葡人最初来华时地考》《中国古代海舶杂考》，纳忠的《论中国与西亚各国之关系》，徐嘉瑞的《大理古代文化史》《云南农村戏曲史》，杨堃的《论"中国社会史"问题》，陈复光的《有清一代之中俄关系》，吴乾就的《〈咸同滇变见闻录〉评正》《清初之圈地问题》等重要研究成果，均是在云大期间完成或发表的。

第三，创建史学研究平台和参与重大学术工程。1937年，方国瑜等人创办西南文化研究室；筹资编印《元代云南史地丛考》《滇西边区考察记》《明清滇人著述书目》《越南古史及其民族文化之研究》《缅甸史纲》《印度美术史》《暹罗史》等"西南文化研究丛书"11种；创办《西南边疆》杂志，共发行18期。《西南边疆》杂志是抗战时期最重要、最权威的有关西南研究的学术刊物。此外，袁嘉榖、方国瑜、方树梅等学者长期参与云南大型学术工程《新纂云南通志》的编纂和审定。

第四，形成了影响深远、延绵至今的史学传统。在民族危机和国难当头的现实感召下，地处边疆的云大学者葆有强烈的经世致用、关怀现实的家国情怀和经世理念，形成了注重西南边疆民族研究、强调实地民族社会调查路径、厚植云南乡土历史研究等学术传统和研究特色。例如，顾颉刚从边疆民族出发，深入审思历史疆域的形成和中华民族的整体性；方国瑜从古史和古文字研究转向西南边疆研究，并参加中英会勘滇缅南段未定界委员会工作,在实地考察基础上完成《滇西边区考察记》;白寿彝致力于云南回族历史文化研究;向达转向《蛮书》研究;等等。与此同时,江应樑、陶云逵等坚持民族调查方法开展民族文献发掘和民族史开拓;以袁嘉毂、方国瑜、方树梅等为代表的一批学者致力于云南乡土知识体系重建;等等。

二、优势凸显:蹉跎中奋进的"新中国三十年"

1950—1978年间,云南大学经历了全国院系调整、大批师资力量流失、由国立改省属大学等重大变化,加之期间受各种不利因素的严重干扰,研究力量有所萎缩,学术氛围受到影响,整体实力有所下降。尽管如此,这一时期的云南大学史学发展总体上仍保持着蓬勃向上的奋进态势,取得了斐然成绩,呈现出以下特点:

第一,带动全国史学界重大学术命题的讨论热潮。新中国成立后,我国史学界兴起了以"五朵金花"为代表的重大学术命题的讨论热潮。李埏先生先后在《历史研究》上发表《论我国的"封建的土地国有制"》(1956)、《试论殷商奴隶制向西周封建制的过渡问题》(1961)等重要学术论文,提出"土地国有制"这一重要学术概念,成为中国封建土地所有制形式讨论的重要学派和代表人物,带动了全国史学界关于中国土地所有制问题的讨论热潮。此外,马曜、缪鸾和发表长篇论文《从西双版纳看西周》(1963),继承和发扬以民族活态资料印证古史的"民族考古学"路径,密切参与到土地所有制形式问题的讨论之中。以上研究,学术影响巨大,奠定了云大中国经济史研究在全国的领先地位。

第二,凝聚学术话语体系,历史认识和民族理论获得创新发展。这一时期的云大史学研究也在向着深层次的理论探讨和话语体系构建的方向发展。新中国成立后兴起了"中国的历史范围"讨论,其时学界对中国疆域发展的认识分歧较大,方国瑜先生发表《论中国历史发展的整体性》(1963)一文,强调"王朝史不等于中国史",应将中原与边疆的历史都视为中国历史发展整体中的一个部分,重点阐释边疆民族地区在中国历史发展中的重要地位和作用。这一理论思考获得史学界的普遍赞誉和认同。此外,民族理论研究和话语体系构建获得创新发展,杨堃的《试论云南白族的形成和发展》(1957)、《关于民族和民族共同体的几个问题》(1964),熊锡元的《民族形成问题探讨》(1964)等论文,带动了民族形成问题讨论和"中华民族共同体"相关理论话语凝聚,在全国史学界都具有重大的学术前瞻性。

第三,拓展史学人才培养的新路径。云南大学是在历史教学和人才培养中最早开展历史地图编绘探索的教学单位,并于1953年前后初步编绘了世界上古史、世界中古史和部分中国史常用历史地图六十余幅,为历史教学和学生培养提供了极大便利。这一事迹获得媒体和学界报道和关注,云南大学历史系世界史、中国史教研小组联名发表《我们怎样摸索着绘制历史参考地图》(1953)一文,作为重要教学经验向全国推广。此外,云大史学人才培养延续实地调查的优良传统。1959年前后,历史系学生在云南个旧开展矿业调查,梁从诚先生带领学生在当地边上课、边劳动、边调查,其间历史系师生集体编订《云南矿冶史》《个旧锡矿史》《个旧矿业调查》《个旧矿工歌谣选》等著作,朱惠荣、谢本书、邹启宇等著名学者都曾参与此次考察和著述编纂工作,为他们此后勃兴的学术事业奠定了扎实基础。

第四,积极参与国家重大学术工程。1953年始,方国瑜、江应樑、杨堃等教授受到委托,带领云大众多师生参加少数民族社会历史调查和民族识别工作。1961年始,方国瑜作为周总理亲自关怀的国家重大学术工程——《中国历史地图集》西南部分编绘工作的负责人,与尤中、朱惠荣一起完成这一国家使命,彰显了云大史学的研究实力,培植了云大历史地理学发展的深厚土壤。1965年,方国瑜等学者还启动了《云南史料丛刊》的编撰,惜因各种缘故而中断。

在专业设置与机构上,云南大学历史系先后设立历史学、中国民族史、档案学、图书馆学、人类学、社会工作、世界史专业,形成了以方国瑜、江应樑、杨堃、李埏、尤中等为代表的学科队伍;成立了具有学科特色的西南文化史、中国民族史、云南地方史、中国封建经济史、西南边疆史、南亚东南亚史、西南亚史、西南古籍研究等科研教学机构。其时,云南大学的史学研究逐渐呈现出研究方向上的优势和特色:中国民族史特色日益突出，中国经济史发展迅速，形成了一系列具有全国性影响力的重要成果。而在世界史领域，以纳忠先生为代表的西亚、阿拉伯史研究独树一帜，并形成了纳忠、杨兆钧、张家麟、武希辕、李德家、施子愉、方德昭、邹启宇、赵瑞芳、吴继德、左文华、唐敏、黎家斌、徐康明等人为骨干的世界史学科队伍。除上述已见的成果外，尚有方国瑜的《有关南诏史史料的几个问题》《汉晋时期在云南的汉族移民》《唐宋时期在云南的汉族移民》，李埏的《略论唐代的"钱帛兼行"》，江应樑的《明代云南境内的土官与土司》《凉山彝族社会的历史发展》，尤中的《汉晋时期的"西南夷"》，吴乾就的《关于杜文秀的评价问题》，等等。总言之，这一时期逐渐奠定了中国民族史和中国经济史在云大史学研究中的基石地位。

三、巩固特色：改革开放二十年的机构与学科建设

改革开放后，云大史学研究迎来新的春天，进入一个跨越式发展阶段。在学科建设上，1981年，云南大学的中国民族史获博士学位授权，成为新中国以来首批博士学位授权点。1981年，世界史获得地区国别史的硕士授权。1986年，专门史（经济史）获博士学位授权。同年，中国民族史、中国经济史列为云南省首批省级重点学科。1995年，云南大学历史系被国家教委批准为全国普通高校文科基础学科人才培养与科学研究基地。2000年，以中国民族史为重要支撑的西南边疆少数民族研究中心获批教育部全国普通高校人文社会科学重点研究基地。2000年，获得世界史二级学科博士授权，云南大学成为我国较早获得世界史硕士、博士授权的大学之一。与此同时，相关学术机构纷纷成立。1980年，成立西南边疆民族历史研究所；1984年，成立西南古籍研究所；1999年，成立西南边疆少数民族研究中心。其间，创办《史学论丛》《西南民族历史研究所集刊》《西南古籍研究》《西南边疆民族研究集刊》等多种学术刊物，在学界产生重要影响。教研团队建设取得较大发展，诸多青年英才成长为史学研究的骨干力量，形成了两大优势学科团队，即以方国瑜、江应樑为学术带头人，以木芹、林超民、徐文德、郑志惠、陆韧、潘先林、秦树才等学者为骨干的中国民族史学科队伍；以李埏为学术带头人，以朱惠荣、董孟雄、林文

勋、武建国等学者为骨干的中国经济史学科团队。同时，云南大学世界史学科以亚洲、非洲等发展中国家为基本研究领域，以东南亚史、南亚史、西亚非洲史、亚太国际关系史研究为研究重点，也重视欧美史及西方史学理论的研究，在东南亚史、南亚史、西亚非洲史、亚太国际关系史方面形成了自身的优势和特色，先后建成了以贺圣达、左文华、吕昭义、何平为带头人的南亚东南亚史研究团队，以肖宪为带头人的中东史研究团队，以唐敏、徐康明、许洁明、李杰为带头人的欧美史研究团队，以及以刘鸿武为带头人的非洲史研究团队。

推出了一批重要学术成果：1978年，在方国瑜先生主持下重启《云南史料丛刊》编撰，虽因各种原因时断时续，最终在林超民教授主持以及徐文德、郑志惠等学者的共同努力下，《云南史料丛刊》共计十三卷，于1998—2001年间全部出版。《云南史料丛刊》的问世不仅完成了民族史同仁三十年的心愿，且进一步夯实了云大民族史的研究基础。江应樑、林超民主编的《中国民族史》（民族出版社，1990）共三册，110万字，是新中国成立以来第一部中国民族史方面的通史著作，获得国家图书奖。此外，尚有一批影响力巨大的学术经典著述问世，例如，方国瑜的《云南史料目录概说》《中国西南历史地理考释》《彝族史稿》，江应樑的《傣族史》，尤中的《中国西南民族史》《中国西南边疆变迁史》《僰古通纪浅述校注》，木芹的《云南志补注》《南诏野史会证》《两汉民族关系史》《中华民族历史整体发展论》等民族史研究力作，以及李埏的《中国封建经济史论集》，李埏和武建国合著的《中国古代土地国有制史》，李埏和林文勋合著的《宋金楮币史系年》，李埏主编的《中国封建经济史研究》，武建国的《均田制研究》等经济史研究成果。

这一时期的云大史学发展呈现出以下特点：首先是相关学术机构的建立和人才培养体系的健全，云南大学获得了更大的发展空间；其次，明确了发展方向和目标，正式确立了中国民族史和中国经济史的传统优势学科地位；再者，学术成果大量涌现，青年人才不断成长，保障了云大史学研究的持续进步。同时，中国近现代史、中国古代史、历史地理学、历史文献学、南亚东南亚史、欧美史、非洲史等研究方向都有较快发展。

四、开拓创新：新时代下加快"三大体系"构建的特色道路

最近20年，云南大学的历史学在学科体系建设、学术研究、团队建设、人才培养、社会服务等各方面都取得了长足发展。2003年，获得历史学一级学科博士学位授权和博士后科研工作流动站。2006年，自主增设中国社会史、中国边疆学2个二级学科博士学位授权点。2007年，专门史（中国经济史、中国民族史）获准为国家重点学科。同年，获批云南省哲学社会科学研究基地"滇学研究基地"。2011年，中国史一级学科获博士学位授权。2016年，中国史入选云南省高峰学科。2019年，被教育部认定为首批"国家级一流本科专业"建设点。中国史在2017年教育部公布的第四轮学科评估中获得B（排名位于前20%—30%）。2021年、2022年公布的软科学科排名，中国史连续进入前10%。近5年来，云南大学历史学学科成员获得第七届高等学校科学研究优秀成果奖3项、第五届郭沫若中国历史学奖提名奖1项，获得云南省哲社优秀成果奖56项、云南省高等教育教学成果奖2项、云南省级教学奖3项；主持国家社科基金重大项目7项、一般项目近百项；承担中国历史研究院重大项目1项、委托项目6项，且系《（新编）中国通史·中国民族史卷》主编单位。云大史学已发展成为国内史学领域优势特色明显、教研体系完备、师资力量雄厚、科研成果突出、学术影响甚大的学术重镇。

持续加强平台、团队、师资建设，努力构建完备的学术体系。先后成立了中国经济史研究所、西南环境史研究所、中国历史地理研究所、古地图与丝绸之路研究中心、"数字人文"实验室等学术机构；建成5个省级哲学社会科学创新团队；持续打造西南学工作坊、中国民族史青年学者研习营、"富民社会"理论研习营等学术沙龙品牌。近5年来，引进7位在国内颇具学术影响的知名学者以及10余位研究能力突出的青年才俊，新增东陆骨干教授2人、东陆青年学者2人、国务院学科评议组成员2人，入选国家级人才计划3人，入选云南省级人才计划10余人。目前，云大历史学科团队共有正高级职称32人、副高级职称26人、中级职称18人，博士生导师17人。

推出了一批影响力较大的教研成果：《方国瑜文集》《李埏文集》相继问世；持续推出"中国边疆研究丛书""云南大学宋史研究丛书""云南大学中国经济史研究丛书""云南地方经济史研究丛书"，以及方国瑜的《云南民族史讲义》，尤中的《中国西南民族地区沿革史（先秦至汉晋时期）》，武建国的《汉唐经济社会研究》，林文勋的《唐宋社会变革论纲》《中国经济史研究的理论与方法》《中国古代"富民"阶层研究》，方铁的《西南通史》，吕昭义的《英属印度与中国西南边疆：1774—1911》《英帝国与中国西南边疆：1911—1947》，陆韧的《云南对外交通史》，何平的《从云南到阿萨姆：傣—泰民族历史再考与重构》《东南亚的封建—奴隶制结构与古代东方社会》，李杰的《历史进程与历史理性》《马克思主义史学思想史》，殷永林的《独立以来巴基斯坦经济发展研究：1947—2014》，许洁明的《英国贵族文化史》，张锦鹏的《南宋交通史》，成一农的《当代中国历史地理学研究》，钱金飞的《德意志近代早期政治与社会转型研究》等学术力作。学科成员在《中国社会科学》《历史研究》《中国史研究》《世界历史》《民族研究》《世界民族》《中国边疆史地研究》《史学理论研究》《中共党史研究》等权威刊物上发表学术论文百余篇。同时，诚聘20余位海内外经济史、边疆学知名学者集中打造"中国经济史研究的理论与方法""中国的边疆与边疆研究"研究生优质课程，以慕课方式推向全国，出版教材，以研促教，教研结合。

进一步巩固基础，凝练特色，发展新兴领域。通过学术合作、构筑平台、团队组建、推出成果等方式，不断巩固提升中国经济史、中国民族史传统优势学科，大力发展西南边疆史与中国边疆学、历史地理学等新的特色方向，取得了极为显明的成效，目前已发展成为云大中国史的四个龙头方向。同时，紧跟时代步伐，加强世界史、考古学建设力度，积极拓展数字人文、环境史、海洋史、国家治理史等新兴领域。其间积极开展话语体系构建的理论探索。林文勋教授的中国古代"富民社会"学说，自21世纪初提出以来，已确立起学术概念与学术框架，初步建构了自成一家的理论体系，成为新时期重新阐释中国古代特色发展道路的重要话语体系之一。以世界史研究为基础形成的一些政府决策咨询报告，获得党和国家最高领导人亲自批示，上升为我国对缅甸、中南半岛国家和南亚国家的重大决策，在全国产生了重大影响。

学术交流频繁，先后承办中国历史文献学会年会、中国灾害史年会暨西南灾荒史国际学术会议、世界史高层论坛、中国边疆学论坛、中国环境史国际学术研讨会、中国民族史年会、教育部历史学教指委中国史学科建设研讨会、地图学史前沿论坛暨"《地图学史》翻译工程"国际研讨会、第二届新时代史学理论论坛等大型学术会议，有力地推动和彰显了云大史学在国内外的学术影响力。

近20年来，云南大学历史学在强化特色基础上不断扩展新领域、新方向，大力推进团队和师资建设，积极开展科研项目申报和研究，持续推出优秀学术成果，扩大学术交流和学术影响，开拓学术推广和公众服务，实现了全方位、全系统的提升和体系完备。如今，云大史学同仁沿着先辈的足迹，在加快构建中国特色历史学学科体系、学术体系、话语体系的道路上砥砺前行，已开拓出一条符合实际、行之有效、彰显特色的发展道路。

编委会
2023年1月

出版说明

为迎接云南大学百年校庆，推动学术交流，纪念史学前辈对云大史学发展做出的突出贡献，表彰其卓越的史学成就，云南大学的史学同仁特意推出了"云大史学经典丛刊"。

本次隆重推出的"云大史学经典丛刊"首批经典著述，包括《滇绎》（袁嘉穀著、王飞虎点校）、《方树梅〈明清滇人著述书目·近代滇人著述书目提要〉点校》（高国强审订，刘仁喜、王晓琳点校）、《云南史地辑要》（方国瑜等著、潘先林整理）、《陈复光〈有清一代之中俄关系〉与〈外交史〉》（刘灵坪整理）、《中国上古史讲义》（顾颉刚著，范俊、黄亨达整理）、《浪口村随笔》（顾颉刚著，范俊、姚禹整理）、《二十世纪五六十年代云大民族史著作二种》（江应樑《明代云南土官土司》以及马曜、缪鸾和《从西双版纳看西周》，王春桥整理）、《云南农村戏曲史》（徐嘉瑞著、娄贵品整理）、《云南大学史学名家论文选辑（1923—1949）》（张轲风选编），共计12种9册。编选过程中，主要以民国经典著述为准，并考虑到《明代云南土官土司》《有清一代之中俄关系》等著述，学界难觅，故优先整理出版。目前较容易见到或已出版多种版本的一些经典著述则不再重复收录。

"云大史学经典丛刊"中的《中国上古史讲义》《浪口村随笔》《云南农村戏曲史》《二十世纪五六十年代云大民族史著作二种》（即《明代云南土官土司》和《从西双版纳看西周》），这5种书尚在（可能在）版权保护期限内，本次是为了云南大学的百年校庆出版这些图书且不售卖，因时间仓促未及联系上权利持有者，请相关人员与本书编委会联系后续事宜，特此说明。

整理说明

《中国上古史讲义》，由11篇文章（含2个附表）组成，顾颉刚著。

顾颉刚（1893—1980），原名诵坤，字铭坚，号颉刚，江苏苏州人。我国著名历史学家、民俗学家，古史辨学派创始人，中国历史地理学和民俗学的开创者之一。1916年考入北京大学，攻读中国哲学。1920年毕业留校任助教，兼为图书馆工作。抗战爆发后，因组织抗日活动，被日军通缉，辗转临洮、兰州、重庆等地进行考察。1938年10月抵达昆明，受时任云南大学校长熊庆来之邀任云南大学文史教授，教授"中国上古史""经学史"两门课，期间当选云南大学校务会议代表，直至1939年秋离开昆明。《中国上古史讲义》著于其在昆明期间。顾颉刚在昆明还主持创办了《边疆周刊》，任迁至昆明的北平研究院史学研究所历史组主任，著有《浪口村随笔》一书及《中华民族是一个》《甘青史迹丛谈》等文。

《中国上古史讲义》是顾颉刚为教授"中国上古史"课程时所做的讲义。该书旁征博引大量史料，按时间线索，分别讨论了商朝、西周、春秋时期的史事，介绍并分析了中国上古至春秋时期的民众对天神的认识、时人的祖先观念和相关的历史，对古籍文献中的一些争议进行了探讨；同时引用了董作宾、郭沫若等人的新观点。该书是顾先生上古史研究的重要成果，反映了民国时期上古史的研究状况。

该书语言风趣幽默，使人读之兴味十足却不失学术性。创作至今已历80余年，但时光并未冲刷掉其价值，仍对当下的上古史研究有重要的参考价值。

该书主要有三个版本：一是1938年至1939年授课时使用的铅印本；二是发表于昆明《益世报》和重庆《文史杂志》的部分章节；三是收录于2010年中华书局出版的《顾颉刚全集·顾颉刚古史论文集》第3卷的版本。铅印本收藏于顾颉刚后人手中，并未得见；发表于杂志的章节为两部分：《益世报》收录1篇、《文史杂志》收录4篇；中华书局本为最完备的版本。

  本次整理，以中华书局本为底本，发表于杂志的章节为对校本，修订之前刊印中的缺漏。由于整理点校者学识有限，书中应仍有错误，望读者批评指正。

凡　例

一、《中国上古史讲义》有1938年至1939年所使用的铅印本、后续发表于昆明《益世报》及重庆《文史杂志》的部分章节，收录于《顾颉刚全集·顾颉刚古史论文集》第3卷（中华书局2010年出版）的版本（简称中华书局本）。本次整理，由于并未寻见铅印本，故以中华书局本为底本，以发表于昆明《益世报》及重庆《文史杂志》的章节为对校本，两者互相参证。

二、本次整理使用本校法、对校法进行校勘。

三、原书为繁体横排，今改为简体横排。原书中存在的古今字、异体字、通假字等，改为现行规范字。如遇人名、地名等，则适当保留。

四、为保持原貌，书中所记地名虽有与今地名不相符的，但不作注；阴阳历对照、尚待考订的问题等，亦均不作注。

五、文中注为作者原注，均予保留。

六、凡底本中可确定的讹脱衍倒，均在文中改正。印刷或书写错误，能直接确定的，直接随文改正。阙文或难以辨认的，以"□"代替。

目　录

整理说明 …………………………………………………… 001
凡　例 ……………………………………………………… 003

中国一般古人想象中的天和神 …………………………… 001
商周间的神权政治 ………………………………………… 008
德治的创立和德治学说的开展 …………………………… 015
商王国的始末 ……………………………………………… 022
周人的崛起及其克商 ……………………………………… 031
周室的封建及其属邦 ……………………………………… 043
西周的王朝 ………………………………………………… 057
渐渐衰亡的周王国 ………………………………………… 065
齐桓公的霸业 ……………………………………………… 071
　　附表一：齐桓公年表 ………………………………… 088
　　附表二：齐桓公事业分类表 ………………………… 094
秦与晋的崛起和晋文公的霸业 …………………………… 101
楚庄王的霸业 ……………………………………………… 124

中国一般古人想象中的天和神

在我们的观念中，大都以为神是没有形象的，天是不能一步一步走上去的。但在古人的想象里便不这样。他们以为天上的神过的就是人间的生活，天上的神和地下的人彼此都有交通的办法。他们怎样的往来呢？那就是从地面上最高的地方一直往上走去。

地上哪里最高？他们说是西边的昆仑山①。昆仑山有多少高？对于这个问题他们有两种说法，说得少的是二千五百里②，说得多的竟有一万一千里③。他们说昆仑山从下到上可以分作三层，下层叫作樊桐，又称板桐；中层叫作悬圃，又称阆风；上层叫作增城，又称天庭④。他们说一个人只要走到中层，他就可以不死了；如果走到上层，就真上了天了，他就是一个神了⑤。昆仑方广八百里⑥。增城九重。昆仑上面种的小米，称为"木禾"，茎高三丈五尺。珠树、玉树、璇树、不死树在西面；沙棠、琅玕在东面；绛树在南面；碧树、瑶树在北面。旁边有四百四十个门，这门到那门都相隔四里。又有九个井，井栏都是玉做的。还有一百亩大的宫殿，用璇玉建筑的屋子⑦。还有醴泉和瑶池⑧。那边有许多神，总称为"百神"⑨；有许多帝，总称为"众帝"；其中地位最高的称为"太帝"。太帝就住在昆仑的最高处⑩。这样看来，昆仑山是一个天国而可以从地面上走进去的。

要是一个人真有勇气，一直上去，马上成了神，岂不痛快。不幸世间没有这样便宜的事。听说天上有天门，唤作阊阖⑪。天门有九重，每一重都有虎豹守着，它们一见下界的人走进，就跳起来把他咬死；咬死之后还有许多竖生眼睛的豺狼走来，先把尸首玩弄一回，玩厌了便抛弃在深渊里，再到上帝面前去复命⑫。所以虽说有路可行，究竟不容易渡过这重重的难关。

不过凡人虽没有上天的福分，但有一种人却可上天，那就是"巫"。他们说，西边有一座山叫作灵山，在那边，巫咸、巫即、巫朌、巫彭、巫姑、巫真、巫礼、巫抵、巫谢、巫罗十个人就常常升天降地⑬。巫可以自由到上帝那边，所以死了人招魂时就得请巫，而楚巫所歌的即是巫阳受了上帝的命令，下来招那离散的魂魄的故事⑭。又如夏后启，他们说他曾把三个美女献上天去，偷得了《九辩》和《九歌》的乐章而下来。他下来的地方叫作天穆之野，在西南海之外，高一万六千尺⑮，比起昆仑来那就太低了。这可以说是一条近路⑯。

听说当初人和神本都是互相往来而且是杂乱不分的，只为蚩尤造反才把这条道路截断了。那时蚩尤造作兵器来打黄帝，又杀死许多没罪的老百姓，黄帝命应龙在冀州的野里和他交战。应龙蓄积多量的水，不料蚩尤手段更高，他请风伯、雨师相助，一霎时放出大风雨来。黄帝一看不好，又降下一个天女叫魃的，把雨止了，把蚩尤杀了。大约因为蚩尤本是下界人，竟来侵犯了上界安宁的缘故，上帝命一个叫重的上天管天上的神，又命一个叫黎的下地管地上的民，两方面从此断绝交往，这件故事就叫作"绝地天通"⑰。可是这样一来，黄帝所派的应龙上不去了，魃也上不去了。应龙不得上天，住在南极，天上没有很多的水，所以地面上就常闹旱灾。但旱时只要画了应龙的形象，也可以致大雨⑱。魃所住的地方，为了她专会止雨，所以也经常犯旱，往往赤地千里。有一位叔均向上帝说了，上帝把她移置到赤水的北面去，叔均就做了田祖。魃怕叔均，见了他就逃。所以人们要赶掉这位女神时，只消祝道："请神望北走去罢！"⑲

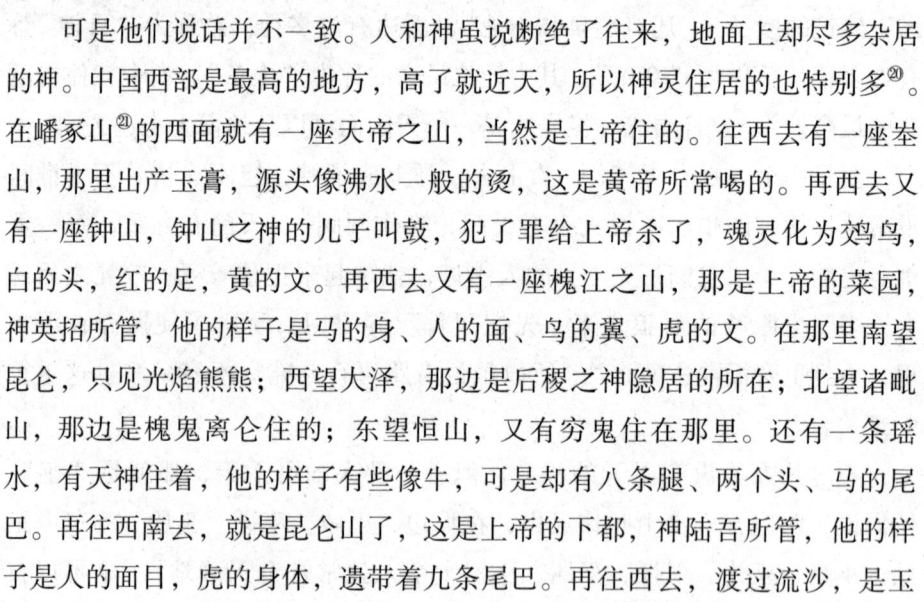

可是他们说话并不一致。人和神虽说断绝了往来，地面上却尽多杂居的神。中国西部是最高的地方，高了就近天，所以神灵住居的也特别多⑳。在嶓冢山㉑的西面就有一座天帝之山，当然是上帝住的。往西去有一座峚山，那里出产玉膏，源头像沸水一般的烫，这是黄帝所常喝的。再西去又有一座钟山，钟山之神的儿子叫鼓，犯了罪给上帝杀了，魂灵化为䴇鸟，白的头，红的足，黄的文。再西去又有一座槐江之山，那是上帝的菜园，神英招所管，他的样子是马的身、人的面、鸟的翼、虎的文。在那里南望昆仑，只见光焰熊熊；西望大泽，那边是后稷之神隐居的所在；北望诸毗山，那边是槐鬼离仑住的；东望恒山，又有穷鬼住在那里。还有一条瑶水，有天神住着，他的样子有些像牛，可是却有八条腿、两个头、马的尾巴。再往西南去，就是昆仑山了，这是上帝的下都，神陆吾所管，他的样子是人的面目，虎的身体，遗带着九条尾巴。再往西去，渡过流沙，是玉山，有人虎齿豹尾，蓬着头发戴一个玉胜，善于歌啸，这就是西王母，管瘟疫和各种残杀之气的。再往西是騩山，住着的神叫耆童，他发出声音来好像钟磬一般地好听。再往西去就是天山，那边的神叫作帝江，生的六足四翼，没有面目，专懂唱歌跳舞㉒。我们只要知道了嶓冢山的所在，就知道现在的甘肃、青海之间㉓在当时是怎样的神出鬼没。其他各处还有好些上帝鬼神，一时也数不尽，他们各有各的奇形怪状，在这一篇里也讲不完，不再提了。

秦国本在今甘肃天水县一带，后来周朝东迁之后，他们也把都城东移到现在的陕西省内，他们又向西边开拓了许多疆土，他们的国土的一部分就在这神秘的天国里，离上帝的下都也不算太远，所以他们所受天国的影响比别国更深。东周之初，秦襄公就造起西畤，祭祀白帝。过了十六年，秦文公到东边打猎，行至汧、渭二水之间，看见地方很好，想要迁都，占卜一下又得吉兆，就住下了。有一夜，他做了一个梦，梦见一条黄蛇从天上直扑下来，蛇的嘴凑在鄜邑的山坡上。醒来问史敦，这是什么。史敦答道："这是上帝的象征，应当祭祀的。"于是文公就造起鄜畤，用三牲郊祭白帝。又过了九年，文公在陈仓山的北坡上拾到一块鸡形的石头，造了一所陈宝祠。陈宝之神有时一年不来，有时一年来几次，来的时候总在夜里，带着流星一般的光辉；到了祠里叫出声来，很像雄鸡，又像野鸡。秦德公即位，特别敬重鄜畤，祭一次用了三百头牛。他还造了一所伏畤，祭伏藏之气，说是那天万鬼出现，应当白天闭门；又在都城的四门各杀一条狗来抵御厉鬼。后来秦宣公在渭南造一所密畤，祭青帝；秦灵公在吴阳又造了两所畤，上畤祭黄帝，下畤祭炎帝㉔。——从这里可以看出，秦国的上帝不止一个，而且每一个上帝都有他的特殊的颜色。上帝之外，有神有鬼，他们也统统祭了。

上帝和鬼神既很多，他们的生活又同凡人一样，凡人有饮食男女的本能，上帝鬼神也未尝不喜欢吃东西㉕，谈恋爱。有一位上帝叫丹朱㉖是比较放荡的，他看上了周昭王的房后，附在她的身上和她配合了，生下的儿子就是穆王。当周惠王时，有神降在虢国的莘邑，惠王不知道他是什么神，问内史过。内史过答道："丹朱为了和房后的关系，是常照顾周朝的子孙的，这回大概就是他罢？"㉗楚怀王游高唐，疲倦了，白天睡一忽儿，梦见一个美貌的妇人向他荐枕席。她自己说："我是巫山之神的女儿，早上行云，晚上行雨，朝朝暮暮都在阳台的下面。"楚王醒来一看，果然如此，就替她造了一所庙宇，唤作朝云[28]。那时的巫大抵是女子做的，当延接神灵的时候，满堂都是女巫，也就都是美人，神灵降下来便挑选了其中的一个和她亲好了；可是神往来飘忽，不可久留，这位女巫刚得着新相知的乐趣又起了生别离的悲哀了[29]。黄河的神是河伯，他降下时接他的女巫和他同车出游，日暮忘归；到了不得不分手的时候，他还把这位美人送回南浦，那滔滔的波和鳞鳞的鱼都伴着送行[30]。这样看来，所谓巫者实在是神的娼妓。神和人的情感会这等深挚，关系会这等密切，怪不得邺县的巫祝父老们要年年替河伯娶媳妇了[31]。

神们也有性生活的需要，所以他们就有了家属，有太太，有儿女。帝俊的妻子羲和生了十个太阳[32]，另一个妻子常羲生了十二个月亮[33]。帝舜[34]的妻子登比氏生了两个女儿，一个叫宵明，一个叫烛光，住在黄河的大泽里，她们的光明照到周围一百里远[35]。还有两位帝女，不知道是哪个上帝所生，住在洞庭湖的山上，她们常到湘、澧、沅等江的深渊里去游戏，出来进去时必然带着狂风暴雨[36]。黄帝生禹虢，禹虢生禹京，人的面，鸟的身，耳上足上都是蛇；禹京住在北海，禹虢住在东海，都成了海神[37]。还有河伯冯夷，不知他是不是上帝的儿子，他乘了两龙，住在二千四百尺深的从极之渊里，这个渊就是他的都城[38]。又有处在东极的神叫折丹，处在南极的神叫不廷胡余，都管着风的出入，做调节气候的工作[39]。雷泽里还有雷神，龙的身子，人的头，拍拍他的肚子就在打雷了[40]。——这样看来，我们现在看成自然现象的，在他们那时都认为有神掌管，这些神大都是天上的贵族。

当屈原怀了满腹牢骚，发泄不出来，眼泪浪浪沾巾的时候，他忽发奇想：莫如上天散散闷罢。他正在这样痴望时，尘风忽起，他果真乘龙驾凤上天去了。他早晨从苍梧动身，傍晚就到了昆仑之上的悬圃。他看见太阳快落到崦嵫山去了，叫那替太阳赶车的羲和道："你且按下了鞭子慢慢走罢！我还要寻几个人呢。"但羲和没有理他。过了一天，他到东边看太阳出来，在咸池饮了马，在扶桑结了辔，折下若木的枝把太阳拂了一下，又逍遥地游行了。他命月御望舒先行，风伯飞廉跟着，雷师丰隆整装，又命凤凰日夜不停地飞腾。那时飘风带着云霓来迎，光彩纷纭，忽离忽合，不一会到了天门，却是闭着。他急忙要见上帝，叫管门的快些开门，可恨那人懒洋洋地靠在门上望他，一动也不动。于是他只得折回来了。有天早上，他想渡过白水，系马在阆风的上面，忽然回过头来流下眼泪，想道：为什么这高山上没有女人呢？他就令丰隆乘云去寻洛水的女神宓妃，解下一条佩带交给蹇修送去当作见面礼。但这事给旁人破坏了，他和她又不能见面了[41]。——因为天上的生活正同人间一样，所以就真上了天也未必快乐。像屈原这样的癖性，在人间是碰钉子，到了天上还是碰钉子，这有什么办法？

注释：

①那时的昆仑山，依现在推测大约就是青海省内的巴颜喀喇山，因为《山海经》等书里都说河水、黑水出于昆仑，而巴颜喀喇山正是黄河、长江的分水岭。长江即黑水，颇有几分可能性。不过那时的昆仑山在羌人境内，中原人也到不了，只是一种耳食之谈而已。但惟其人们到不了，所以他的神秘性就更大。

②《史记·大宛列传》引《禹本纪》。

③《淮南子·地形训》及《水经·河水篇》。

④《水经注·河水》篇引昆仑说。"悬圃"亦作"玄圃"，同音通假。

⑤《地形训》。但为迁就上引的昆仑说，将"凉风之山"一语删去。昆仑说把玄圃和阆风都算作中层，《淮南子》却把凉风和悬圃分成两层。"凉风"即"阆风"，同纽通假。

⑥《山海经·海内西经》。

⑦以上都见《地形训》。

⑧《禹本纪》。

⑨《海内西经》。

⑩以上都见《地形训》。

⑪《楚辞·离骚经》及《地形训》等。

⑫《楚辞·招魂》，参朱熹《楚辞集注》。

⑬《山海经·大荒西经》。

⑭《楚辞·招魂》。

⑮《大荒西经》，参郭璞注。

⑯《大荒西经》又云："有互人之国，炎帝之孙名曰灵恝，灵恝生互人，是能上下于天。"又《海内经》云："肇山，有人名曰柏高，柏高上下于此，至于天。"这些都是天地交通的例子。

⑰这段故事是汇合了《尚书·吕刑》《山海经·大荒西经》《大荒北经》及《国语·楚语下》而写的。不过《国语》把绝地天通的人定做颛顼，说他绝地天通就是"使复旧常"，把神话人化了。其实颛顼这位人王推到原始也是一个上帝。

⑱《大荒东经》。

⑲《大荒北经》。

⑳《史记·封禅书》曰："自古雍州积高，神明之隩，故立畤郊上帝。"

㉑嶓冢山有两处：在陕西宁羌县的是汉水所出，在甘肃天水县的是西汉水所出，西汉水就是嘉陵江的上游。

㉒以上均见《山海经·西次三经》，惟此经所载上帝鬼神太多，未能全录。

㉓《西山经》的天山即祁连山，祁连山为今甘、青两省的交界。（《汉书·武帝纪》天汉二年："与右贤王战于天山"，颜师古注云："即祁连山也，匈奴谓天为祁连，今鲜卑语尚然。"）

㉔以上都见《史记·封禅书》。秦德公祭鄜畤时用三百牢，司马贞《史记索隐》以为"百"是"白"字的误文。但甲骨卜辞中亦有用至三百者，《索隐》说不是必然。

㉕例如《诗经·小雅·楚茨》云："神嗜饮食。"

㉖《山海经·海内北经》有"帝丹朱"之名，依《山海经》的体例，凡是称帝的都是上帝，不是人王。

㉗《国语·周语上》。

㉘《文选》宋玉《高唐赋》。

㉙《楚辞·九歌·少司命》，参朱氏《集注》。

㉚《楚辞·九歌·河伯》。

㉛《史记·滑稽列传》"西门豹"条。

㉜《山海经·大荒南经》。

㉝《山海经·大荒西经》。

㉞帝舜，郭沫若先生以为即是帝俊，帝俊又即帝喾，见其所著的《甲骨文字研究》。按《礼记·祭法》云"商人禘喾"，《国语·鲁语》上云"商人禘舜"，《大荒南经》云"帝俊妻娥皇生此三身之国，姚姓"，并可作证。

㉟《山海经·海内北经》。

㊱《山海经·中次十二经》。按《史记·秦始皇本纪》三十八年云："浮江，至湘山祠，逢大风几不得渡。上问博士曰：'湘君何神？'博士对曰：'闻之，尧女，舜之妻，而葬此。'"可见《中山经》中的"帝之二女"当秦始皇时已讲作尧嫁与舜的二女。其实那时上帝甚多，每个上帝都不妨有二女，哪里可以一定归到尧的名下。刘向《列女传》也说，"有虞二妃者，帝尧之二女也……死于江、湘之间，俗谓之湘君、湘夫人也"。其实一个称君，一个称夫人，就可见得湘君是个男神。

㊲《山海经·大荒东经》

㊳《山海经·海内北经》。经中作"冰夷"，今因各书上多作"冯夷"，替它改了。

㊴折丹见《大荒东经》，不廷胡余见《大荒南经》。

㊵《山海经·海内东经》。

㊶《楚辞·离骚经》。

商周间的神权政治

　　古人相信天上有上帝，上帝有无上的权力。王是人间的第一等人物，他到了天上还该是第一等人物，所以或说王是上帝所生，或说王死后魂升于天也做了上帝；最谦虚的想法，是王的地位有和上帝接近的资格，所以活的时候可以见到上帝，死了之后可以升到上帝那边去，跟上帝一块儿做事[①]。王和上帝既然这样分不开，所以王的另一种称呼是"天子"，表明他是上帝的儿子，直接代上帝到下界来管理土地和人民的。诸侯百官和人民除了信仰这位天子之外，还应当信仰那位比天子更高超的上帝。

　　上帝和下民息息相关，人们必须处处听从他的命令，不幸他是人们所瞧不见的，他的意志从何表现？他们说，不妨，有占卜的方法，在占卜时他就会表现出他的意志来。占卜的方法怎样？他们说，用了田龟的腹甲，兽的肩胛骨和胫骨，刮磨得平滑了，先在反面用凿子凿成一个椭圆的孔，再用钻子钻出一个正圆的孔，这样一来，钻凿的地方就薄了，用火在孔上一灼，甲骨的正面就裂出了线纹，凿的孔容易使正面裂出直纹，钻的孔容易使正面裂出纹，成为 卜 ㇏ 丫 诸种形象，这叫作"兆"。上帝就在这些兆的样子上表示出他的意见。他要我们这样做，我们听了他的话做了可以得福，这就是"吉"；他不要我们这样做，我们违背了他的话做了便要得祸，这就是"凶"。我们要求好好过生活，自该趋吉避凶，趋吉避凶的方法就是舍弃了自己的主意，而遵从上帝的命令[②]。这是商朝人的说法。到了周朝，他们除了使用这个卜法之外，另有一种接受上帝命令的方法，叫作"筮"。筮法是拿了蓍草四十九条，排列四次，再变化十八次而成为六十四卦中的一卦，再从卦里去定出六爻中的一爻，就从这一爻里看出事情的吉凶来[③]。因为筮法比较卜法简易，所以称筮为"易"[④]。因为这是周人所发明的，所以叫作"周易"。他们占大事用卜法，占小事用筮法。如果卜了觉得还不能决定，随后就来一次筮。卜的态度严重，他们认为更容易接近上帝，所以卜和筮的结果倘有不同，那时人总觉得应该承受卜的表示[⑤]。

《周易》是《十三经》中的第一部经书，凡是受过旧教育的人没有不读的，可是懂得用蓍草占筮的人太少了，我们还不容易亲眼看到古人使用的方法。用了甲骨的卜法也早失传了，千幸万幸，近四十年来在洹水边上发现了商代都城的遗址，挖出了一二十万片的商王占卜用的甲骨。在这上面，不但保存了钻凿和烧灼的痕迹，不但保存了直裂和横裂的兆文，而且那时的史官，用小刀刻了许多文字在上面，记出占卜的日期，记出占卜的原因，还记出事后的应验，简直是一部商朝的历史。我们从这些文字记载上知道，他们卜祭祀的最多，其次有卜出去和还来的，有卜打猎和捕鱼的，有卜刮风和下雨的，有卜年成好坏的，有卜战事胜败的。总之，他们每做一件事情就得占卜。试想那时的上帝是怎样的不怕麻烦，担负了指示人间的一切大事和小事的责任。

商和周都认为自己的一族是上帝特地降下来的，但商王就把上帝当作自己的祖先，去世的祖宗也算作上帝，周王只把自己的祖先陪配上帝，做了比上帝次一等的人物⑥，这一点却不同。那时的天子有不方便的地方，因为他的头上还有上帝和祖宗监督着他；但是也有更方便的地方，每逢他自己要做什么事情，可以不管别人的意见如何，只说上帝和祖宗要我这样做，我便不敢不这样做，否则上帝和祖宗要生气的，他们要降下大灾来的。说这句话时，不必拿出证据来，一般臣民也就没法反对，只好照他的意思办了。

像这样的事情，我试举几个例。

盘庚是商代中叶的王，不知为了什么原因，他要迁都到殷地，他的臣子们安土重迁，齐声拒绝。他用甘言好语来骗他们，不够；用严刑峻法来逼他们，还不够；他就请出先王先祖的神灵来吓他们，居然把他们吓倒了。在他的公开演说里有下面一段话⑦：

> 我想起我们先王任用你们的先人，就记挂你们，要把你们养育得好好的。现在此地不能住了，若是我还勉强住下，先王一定要重重地责罚我，说道："你为什么要这样虐待我的人民呢？"若是你们无数人民不肯去求安乐的生活，和我同心迁去，先王就要重重地责罚你们，说道："你为什么不跟我的幼小的孙儿和好

呢?"所以你们做了不好的事情,上天决不饶恕你们;你们也一定没有法子避免这个责罚!

我们的先王既经任用了你们的先祖先父,你们当然都是我所蓄养的臣民。倘使你们心中存了害人的念头,我们的先王一定会知道,他便要撤除你们的先祖先父在上天侍奉先王的职役;你们的先祖先父受了你们的牵累,就要抛掉你们,不救你们的死罪了!如果你们在位的官吏之中有贪污的,他喜欢财货,不顾大局,你们的先祖先父就要竭力请求我们的先王,说道:"快些定了严厉的刑罚给与我们的子孙罢!"于是先王就大大地降下不祥来了!……

在这一段话里我们可以知道,一个王死了之后称为先王,他的权力就比活的时候更大,因为王只管世间而先王则上天下地都是他的势力范围;他的刑罚也比活的时候更辣,因为王只能用刀杀人而先王则可以降下大灾难来害许多人陪着死。我们又可以知道,在地面上的王国里的君臣,死了之后到天国里还是君臣,一个臣子总是臣子,他在生逃不了侍奉君王的责任,死后也逃不了侍奉先王的职役。这条索子捆得这样紧,无论入世出世总给它捆着,就是过了千万年还给它捆着。

盘庚之后有一位名武丁的王,他是很能接近神灵的,他即位后的头三年,不曾开口说过一句话,常在默默地思想,一班臣子发急了,恳求他说:"王是应该发号施令的,你永远不说话,叫我们到哪里去接受命令,办国家的大事呢?"武丁听了,写出一篇文字给他们看,写的是"为了怕我的才力不够治理四方,所以没有说话。可是我曾得一梦,梦见上帝赏给我一个治国的大贤人,现在就把他的相貌画出来,你们照这个样子去寻觅罢!"臣子们拿了这个画像到各处去访问,居然在傅岩中找出一个人来,同画上的一样,这人名叫傅说,正在打杵筑墙,就把他拉了回朝。武丁一见大喜,升为上公,号为梦父,命他早晚在旁边规诫自己,对他说:"我像一柄刀,要用你做磨石。我像一条河,要用你做渡船。我像天旱,要用你做大雨。你一定要教我学好,不要把我弃掉!"为了武丁用了傅说,这样听信他,所以国内大治,对外也表扬了赫赫的武功⑧。

当周人在西方兴起的时候，也学会了这一套本领。他们说，伟大的上帝看下面的事情是很清楚的。上帝知道商国是没有希望的了，到各处去找，只有周国是好的，于是先给他们一片岐山的荒地，让他们开辟了住下；又替周王娶了一位贤后，让她生出好儿子来承受天禄，国土也就大起来了。到艺至时，他事奉上帝更加谨慎，上帝喜欢，对文王说："你这样不胡干，不贪求，你就可先得着天下，坐在最高的位子上。"上帝又说："我常常想念你的德行，你不自作聪明，又不改变态度，一切都遵从我的规矩，你这人真是最诚实的。"上帝又说："你该联合了兄弟们来对付你的仇雠，你就带了云梯、临车和冲车去打崇国的城罢！"文王出兵了，他知道有上帝的保佑，精神很定，攻击很缓，先祭上帝，再祭群神；崇国的城墙虽是非常高大而又坚固，但他纵兵一战，就把他们灭掉了。四方之国听到这消息，没有敢不顺从的了⑨。

文王死后，武王兴兵伐纣，到了商郊牧野，商国的兵丁排的行阵黑压压地像一座大森林。武王向自己的部队下令道："你们不要有什么疑惑，也不要有什么害怕，上帝就在你们的跟前！"大家听了他的话胆气增加许多，待到两国一交锋，一个很大的商国就给周人打败了⑩！

克商后二年，武王得了重病。那时天下初平，这样一个军事和政治的领袖实在死不得，他的弟弟周公旦尤为忧虑，无可奈何只得求祖宗了。于是周公在一个场上筑起朝南的三座坛，供了他们的曾祖太王、祖王季和父文王，再起了一座朝北的坛，他站在上面，顶了璧，捧了珪，把自己做了抵押品，上告三王。史官开读祝文道：

> 你们的长孙现在犯了很厉害的病。倘说在天上的你们为了自己的不舒服要叫他上来尽扶持的责任，那么就请你们把我代替了他罢！我很会说话，又很能干，最适宜于服事鬼神。你们的长孙，他并不多才多艺，是不会做这些事的。
>
> 你们受命于上帝的宫庭里，把四方完全保护了，所以你们的子孙能安居在下面，四方的人民没有不敬畏的。唉，只要我们不失掉上帝给付的重命，也就永远有地方来安顿你们的神灵了！
>
> 现在我就在大龟上面接受你们的命令。你们如果答应了我，

我就把璧和珪献给你们，回去等候你们的消息。若是你们不答应我，我就把璧和珪抛开了。

祝文读罢，他分配三人同时卜了三个龟，结果是一致得到了吉兆。开了锁钥，把记载卜兆的书翻开一查，原来是武王和周公都得了吉兆。周公高兴道："好了，王的病不紧要了！我小子新受了三王的命令，也可以长久筹谋国事。现在等候着罢，三王是一定关心我的。"他回去，把这篇祝文安放在用金质封固的柜子里。隔了一天，武王的病果然好了[⑪]。

在这篇记载里，我们又可以知道，周朝开国的三王虽不即是上帝，而对于人间的事情也可以帮上帝做一点主。他们在天上有时也像活人一般生病，所以武王病倒时，周公会猜想他们欠人侍候，要唤他们的长孙上天。他们爱的是玉器，所以周公可以用了珪和璧去要挟他们。

武王死后，纣子武庚又反，东方的奄国也起兵相助，逼得周朝几乎退回老家去。周公东征三年，杀掉武庚，又灭掉奄国。他在洛阳造了一个东都，叫作王城；又在东都的附近造了一座城，叫作成周，把东方的殷遗民迁去，借此铲除他们作乱的根苗。遗民当然不愿，但在武力统制之下有什么法子违抗。他们迁去后，周公代成王向他们演说了一番，说的是：

你们这班遗留下来的殷人啊！你们不幸，上天降下大乱与你们，我们奉了上帝的威严，来执行这个责罚。你们想，我们周家本是一个小国，怎敢来夺取你们这样的大国，我也怎敢希求这个天位，只是上天要我们这样做，我们得到上天的帮助之后也就不得不做！

我听说好久以前，上帝本让夏人安全过日子的，不幸他们太荒唐了，逼得上帝废掉他们，命你们的先祖成汤起来革去夏命。你们的先王，从成汤到帝乙，没有一个不是修身敬神的，所以天就保定了殷，殷王世世代代受到上天的恩惠。直到你们的后王行为放荡，不顾先王的教训，也不注意天道和民事，于是上帝不再能保护你们，他降下这大乱来了。就是四方大小诸国的丧乱，也无非他们的罪恶的天罚。

我们周王事奉上帝是最虔诚的，上帝有命令下来，着我们

"割殷",我们就只得完成他的命令。我们原不想和你们敌对,可是你们王家竟和我们敌对起来了,乱事就从你们那边发动了。为了这个缘故,所以我要把你们迁到西面来。这不是我随意把你们搬动,乃是奉行天命,你们不得违背!我的命令发出之后是不能收回的,你们不要来埋怨我!你们知道,你们的先人传下来的册书上明明记着"殷革夏命",目前的事情正同那时一样。

你们曾说:"殷朝肯选了夏人做官,为什么现在不这样?"我并不是不肯提拔你们,我要用的是有德的人,商邑的情形太坏,我不敢就在那边找来用了。我所以把你们迁到洛邑来,原为哀怜你们,希望你们学好。现在的不用你们,不能说是我的错处,只是我遵照上天的命令!

你们听着:以前我从奄国班师的时候,你们本已犯了死罪。我虽然饶过你们的生命,可是我仍须奉行上天的责罚,把你们移到这远地方来。在这里,你们离开了原住的地方,就近做了我们的臣仆,将来你们就可恭顺得多了。

我告知你们:我为了不忍把你们杀掉,现在再把这个命令申说一遍。我在洛水旁边造起这一座大城来,就为你们奔走服事我们的方便打算。在这里,你们依然有自己的土地,你们一样可以安居乐业。只要你们能敬天,天自会给你们保佑。否则岂但你们失去了现有的土地,我还要把上天的刑罚降到你们的身上!……⑫

左一个上帝,右一个上天,周公说这一大篇话时何等威严,又何等得意。可怜这班亡国奴本已动弹不得,现在又有这样一个天大的大帽子压下来,哪敢不表示屈服。而且他们记得成汤受了天命来革掉夏命是真实的历史记载,又哪能禁止这件故事的复演。既已这样,造反也无用,不如大家死心塌地当了奴隶算了!于是殷民再也翻身不转,而周朝的政权就渐渐地稳定了下来。

注释:

①说王是上帝所生,如商祖契和周祖后稷。说王死后也做上帝,如商

人尊他们的先王为帝甲（卜辞中称沃甲为帝甲，王国维先生说，见其所著《殷卜辞中所见先公先王考》）、帝乙、帝辛。说王生时可以见上帝，如《诗·大雅·皇矣篇》中的"帝谓文王"。说王死后到上帝处去，如《诗·大雅·文王篇》中的陟降，"在帝左右"。

②见朱芳圃《甲骨学·商史编》第九《卜法》。《史记·龟策列传》中载有许多看兆文吉凶的方法。

③筮的方式，手头无书可检，现在就《易·系辞传》中"大衍之数"一章敷衍了几句，定有错误，俟后改正。

④《洪范》说卜兆有五种，筮兆只有二种，而易有简易之义，故如此说。但易也有变易之义，说不定因它的排列法变化多端而称为易。

⑤例如《左传》僖四年传："初，晋献公欲以骊姬为夫人，卜之不吉，筮之吉。公曰：'从筮。'卜人曰：'筮短龟长，不如从长。'"

⑥《诗·周颂·思文篇》："思文后稷，克配彼天。"《鲁颂·閟宫篇》："皇皇后帝，皇祖后稷，享以骍牺，是飨是宜。"《孝经·圣治章》："严父莫大于配天，则周公其人也。昔者周公郊祀后稷以配天，宗祀文王于明堂以配上帝。"

⑦见《尚书·盘庚中篇》，全篇译文见《古史辨》第二册四十五页。

⑧本段记载是把《国语·楚语上篇》作主要材料，参用《史记·殷本纪》《书序》《伪古文尚书·说命篇》诸说。"梦父"一名见于卜辞，梦父即传说，出董作宾先生和丁山先生的考证，见《甲骨学·商史编》第三，页二。

⑨本段译自《诗·大雅·皇矣篇》，参用毛《传》、郑《笺》、孔《疏》、朱《传》。

⑩见《诗·大雅·大明篇》，参《鲁颂·閟宫篇》。

⑪见《尚书·金縢篇》，全篇译文见《古史辨》第二册六十八页。

⑫见《尚书·多士篇》。惟匆匆译出，参考书籍又少，只译了一个大意，俟将来校正。

德治的创立和德治学说的开展[①]

当周公向殷遗民大声疾呼演说天命的时候，他的内心里已起了矛盾的情绪了，他怀疑天命了。

周人住在西方的时候，文化程度原不很高，所以他们一灭了商，就完全接受商的宗教文化。他们说自己是受了上帝的命令来做万邦的共主，下民的最高统治者；又说商王的行为触怒了上帝，所以被上帝革去了王位。这种方法本是商的列王所惯用的，不料到了那时，竟给敌人利用了去，反而逼得他们自己走投无路。在武力统制之下，周王的得天下算是有了很正当的根据了。

不过周公旦是一个绝顶聪明的人，他看得很清楚，这仅是一种对付商朝的遗民和商朝的属国的政治作用。他想：商朝要是不得到天命固然不会传国数百年，但如果真得到天命，为什么我们一起兵就把它灭掉了呢？为什么天命会从夏改给了商，又从商改给了周呢？这样看来，天命是不永存的，又是不可靠的。然则周家的后人怎样才能用了自己的力量保持这个王位？他考虑的结果提出了一个"德"字。德的古字写作"悳"，意思是要把心放得正直，不要走向斜路上去。他在祭祀文王的时候做了一首长诗，这诗的后半段说道："忠于周王的许多臣子们，你们想念过去的祖先吗？你们应当修整自己的德行，使得永久可以配合上帝的命令。种种福泽都不是上帝随便赐给的，乃是要你们自己去寻求的。你们看，当商朝灭亡之前，他们还配着上帝，但现在呢？你们只消看一看他们，就会知道天命是不容易保持的。为了这样，所以你们该做好事，让好名声宣扬出来，由上帝来量度你们。不过上天的事情，听也听不到，嗅也嗅不着，我们不必费心去问，惟有取法文王，让万邦的人民来信服我们就是了。"[②]在这首诗里，他是怎样地明白表示了天道和人事的关系。

我们知道各个人立身处事应当仰仗自己的德，不可闭了眼睛尽听着上天的摆布了，那么应当怎样去推动这个德呢？关于这问题，周公又提出了一个"敬"字。敬是警惕的意思,只要时时警惕,没有丝毫懈怠,自己的德就会一层一层地好上去的。敬的反面就是安逸,既然要进德就不该贪图安逸。所以成王握了政权之后,周公曾用最恳切的态度向他说出一番话来。

周公说:

地位高的人们应当处处不求安逸。如果先知道了稼穑的艰难再去休息,那时就会明白小民们的生存的根本了。在民间也是一样,我们看,父母勤勤地种了多少年田,得着一点积蓄,到儿子可以吃现成饭时,他就会忘记了父母的辛苦,只管享乐和胡乱说话,甚至于瞧不起自己的父母,以为"老辈懂得什么"。有了这样的儿子,这家人家还有什么希望!

我听说:从前商王中宗(太戊),他的态度又庄严,又谦恭,又正肃,又谨慎,他用了天命来检束自己的身子,一点也不敢胡干,所以他在位有七十五年之久。到了高宗(武丁),他从小住在乡间,和小民一块过活,即位之后三年不说话,然而一开口就很合理了。那时人民安居乐业,大大小小没有一个人出过怨言,他就坐了五十九年的王位。到了祖甲,他起初不愿为王,逃在外边,认识了民间的情形,即位之后,对于小民尽量施恩,虽是孤零零的鳏夫寡妇也不敢欺侮,他享有国家三十三年。从此以后的商王,都是只知道寻欢作乐,不晓得小民的劳苦,不懂得稼穑的艰难,他们的寿命也缩短了,有的在位十年,有的七八年,有的五六年,有的三四年,就死掉了。

那时我们的太王和王季,独能够警戒自己。传到文王,他的精神完全注意在安民和养民上,他穿了下等的衣服,从早上起来到太阳西斜还没有工夫吃饭,因此没有一个人民不得安乐的。文王从不敢游玩打猎,除了正赋之外也从不敢多收一点东西,所以他受命时虽已届中年,还做了五十年的王。

唉,从今以后的嗣王,应当法则文王,不要贪图舒服,不要喜欢游玩,不要收取额外的赋税,也不要说:"今天姑且快乐一天罢!"也不要像商王纣的糊涂,只知道喝酒消磨日子。倘使还是这样干,不但上天不高兴,人民更要咒骂呢。

提到咒骂,又想起了故事。商朝的几个贤王和我们的文王,有人告诉他们:"小民怨你了,骂你了。"他们总是严重地警惕自己的德行,别人骂他们的话,他们都承认了,说道:"这是我的错!"他们说这话时,心里没有藏着一点怒气。

周公叹息道:

唉,嗣王们想想这些故事罢!③

像这一类的话语,周公不知道说了多少。不但周公旦说,召公奭也说。当周朝经营东都的时候,周、召二公都在那边,召公向周公说过一大篇话:

现在皇天上帝把他的大儿子改换了,我们周王受了新命,固然有说不尽的快乐,然而也有说不尽的忧虑。唉,我们怎可以不警惕呢!

商朝原有许多聪明的先王住在天上,可以保佑他们的国家,然而因为纣做了王,好官退去,坏官上来,百姓们过不了日子,大家扶妻抱子,呼天哀号,逃出去时又被捉了回来。上天哀怜这些无告的人民,就结束了这样一个大国的命运而转给了我们。我们的王应当赶快修德才是!

我们的王现在虽说年轻,已是上天的大儿子了,应该查考古人的德行,视察百姓的艰难,这样总可以到天地的中央④来对着上帝,祭着上下的神灵,总可以接受了天的命令来好好治理民事。我们的王应当没有一处地方不注意自己的德行。

夏朝受了天命,经历过多少年,我不管它,我只知道他们因为不注意自己的德行就失掉了天命。商朝受了天命,经历过多少年,我也不管它,我只知道他们一样因为不注意自己的德行就失掉了天命。现在我们的王继续受了这样郑重的天命,不可不看看夏和商的过去的事实。唉,好像自己的儿子,他生出来时就教他学好，到了长大一定是一个好人了。我们的王在这初即位的时候，又到这个新地方来，正该赶速注意自己的德行，祈求上天延续天命总是呵⑤！

他们这样一讲，夏、商传国的长久是为了敬德，他们的灭亡即是为了不敬德。但我们一查甲骨文和金文，那时什么事情都受天的支配，在商朝的文字里还没有这个"德"字呢。可见周以前只有天负责任，人是没有力量的，周以后总由自己负起责任来，自己弄得好，天就降福，弄不好，天就降祸，天只会跟人走了。

自从周公们在周初定下了这个立国的大法，经过多少年的宣传鼓吹，就使得我们的古代名人个个受了德的洗礼，许许多多的故事也涂上了德的粉饰。

文王伐崇，本是带了云梯和临车、冲车等武器把它打灭的。但这件故事到了后来，就成了文王的军队包围了崇城三十天，崇人抵死不降，文王一时打不下，领兵回国，在国内修明德教，到他第二次进兵，到达原地时，他们就自己情情愿愿来投降了⑥。

本来禹攻三苗的故事是这样：三苗大乱，上天动怒，连下了三天的血雨，夏天结冰，地震泉涌，五谷都变了样子。那时上帝在天宫里命专去剿歼他们，禹亲抱了天的瑞令，出师征讨，有一个人面鸟身的神陪伴着他，征讨的结果，地上就没有三苗的子孙了⑦。可是到了后来，这件故事也变了样子，他们说：苗人不遵教令，帝舜命禹伐罪救民，禹会了诸侯去攻打，过了一个月，苗民还恃强逆命。益对禹说："只有德行可以动天，无论怎么遥远都可以用了诚意去感通。自己一满足便会把损害招来，谦恭对人却容易得着便宜，这是天定的道理。"禹听了他的话，班师回朝。帝舜知道，也不责备他擅专，就大大兴起德教来，又命舞人持着干和羽在朝廷的阶下天天舞着。过了七十天，苗人就自来归化了⑧。

汤伐夏，把夏王桀放逐到南巢，自己即了王位，这也是一个早有的传说。到了德治的思想发扬光大之后，这件故事也变得不同了。他们说：汤克了夏，把桀封到中野地方，中野的人民听得桀来了，就不顾自己的财产，相率扶老携幼，奔到汤那边去，中野的地方空了。桀向汤请求道：

"所以立国为的是有家，所以成家为的是有人。现在我的国已没有家，没有人了，可是你那边多的是人，请你许我把中野地方还给了你罢！"汤道："让我讲一个道理给你的百姓们听。"但百姓听了还是不答应，定要跟汤。桀自己惭愧，同他手下五百人南行千里，在不齐地方停下，不齐的百姓又奔走了。桀再迁到鲁，鲁人也逃净了。桀只得又迁到南巢。另一个说法是：他知道中国百姓全不要他，索性搬到海外去了。汤回到本国，三千诸侯为了天下无主，齐到那边开一个大会，推他做天子。那时汤退下再拜，站在侯位，向他们说道："这是天子的位子，只有有道的人可以坐上。天下不是一家所有，只有有道的人可以享受。天下的许多事情也只有有道的人可以管理。"他把天子让给三千诸侯，他们没有一个敢接受的。他万不得已，才登了天子之位⑨。

这种德化的故事零碎发生得太多了，如果一个人有一个人的方式，那么几个人的故事合在一块也就容易互相冲突，所以有人以为这些有名的古人应当有一贯的主张总好，于是想出一个方法把他们联串了起来。

是战国的时候了，他们说：每隔五百年光景一定有一个圣人起来，做了新王。从尧、舜到汤是五百多年，尧、舜的道，禹和皋陶们是亲见而认识的，汤是从传闻中认识的。从汤到文王也是五百多年，汤的道，伊尹和莱朱们是亲见而认识的，文王是从传闻中认识的。从文王到孔子又是五百多年，太公望和散宜生们是亲见而认识的，孔子是从传闻中认识的⑩。孔子虽没有做王，但他有王者的德，在社会上也有和王者同样的地位，何况他作《春秋》就是表现天子的威权，所以他也当得一个新王。这样一讲，孔子的道即是文王的道，文王的道又即是汤的道，汤的道也即是尧、舜、禹的道，好像是一个根荄上发出来的干和枝，所以他们把这个系统唤作"道统"。

那么，道统的根本究竟是怎样一个道理呢？他们又说：当尧传位给舜的时候曾经对舜说过几句话，这便是他的传心的大法。尧的话是："舜呵，天定的次序现在轮到你了，你应当不偏于那一端而执持它的当中的一点，你应当知道四海的人民的困穷，你应当永远领受上天给你的爵禄！"后来舜传位给禹的时候，也把这几句话向他说了⑪。因为三个帝王都用了这几句话做他的中心主张，所以叫作"三圣传心"。

可是这几句话后来又给人们改了一次。他们说道：当帝舜做了三十三年的天子，他自己觉得老了，有些怕事了。他对禹说道："上天降下洪水来警戒我，亏得你的努力，把它平了，你既勤又俭，又不骄傲，我觉得你太好了。现在天定的次序已经轮到你的身上，你应当做天子。你须记着：人心（物质的心）是危险的，道心（天理的心）是微渺的，只有精细的寻察和专一的执守，才能压住人心而握着它的中点。"⑫这几句话讲得深奥一点，所以后来的人也就承认它确是圣人的最高原理。

我们现在，一想到古帝王，总觉得他们的面目是一例的慈祥，他们的政治是一例的雍容，就是因为他们的故事都给德治的学说修饰过了，而德治的学说是始创于周公的，他所以想出这个方法来为的是想永久保持周家的天位。从此以后，德治成了正统，神权落到旁门，二千数百年来的思想就这样的统一了，宗教文化便变作伦理文化了。

注释：

①本篇大意取于郭沫若先生《先秦天道观之进展》（民国二十五年商务印书馆出版）第二章《天的观念之利用》。

②译自《诗经·大雅·文王篇》。《吕氏春秋·古乐篇》说这首诗是周公作的，固然没有真实的证据，但把《周书》中周公对自己方面人说的几篇话合看，它们的态度是一致的，现在就采用了。

③译自《尚书·无逸篇》。

④当时人的观念，以为洛邑在天地的中央，所以称洛邑为"土中"。

⑤译自《尚书·召诰篇》。以上数段均匆促译成，将来得暇再改正。

⑥见《左氏》僖十九年传及襄三十一年传。

⑦见《墨子·非攻下篇》，参见《尚书·吕刑篇》。

⑧见《伪古文尚书·大禹谟篇》，按这一说本于《淮南子·齐俗训》。

⑨见《逸周书·殷祝解》。另一说见《尚书大传》。

⑩见《孟子·公孙丑下篇》及《尽心下篇》。

⑪见《论语·尧曰篇》。此篇在《论语》中出现时期甚迟，当已在《孟子》之后。

⑫见《伪古文尚书·大禹谟篇》。几句话的原文是："人心惟危，道心

惟微,惟精惟一,允执厥中。"这是宋代道学家所极尊重的句子,因为它是道统的核心。但我们知道这话乃是从战国时的"道经"上套来的。《荀子·解蔽篇》云:"《道经》曰'人心之危,道心之微',危微之几,惟明君子而后能知之。……故好书者众矣,而仓颉独传者,一也。……好义者众矣,而舜独传者,一也。……自古及今未尝有两而能精者也。"这是前三句所本。加上《论语》的"允执其中",便成了很整齐的四句。可是因为它们的来源是两个,所以意义并不很联贯。试问这"厥"字是什么东西的代名词呢?

商王国的始末

环着渤海和黄海岸，有济水、黄河、滦河、辽河、鸭绿江、大同江的冲积地。近年因考古学的发达，确知当新石器时代，东北区域在人种及文化上已和黄河流域联为一体①。

不知什么时候，在渤海和黄海的西岸上住着一种文化较高的人民，因为他们后来建都在商丘②，所以称他们作"商人"；因为他们的国家后来成为东方最大的王国，做诸小国的共主，所以称他们的全盛期为"商朝"。这是我们的有史时代的开头，我们该得大大地注意。

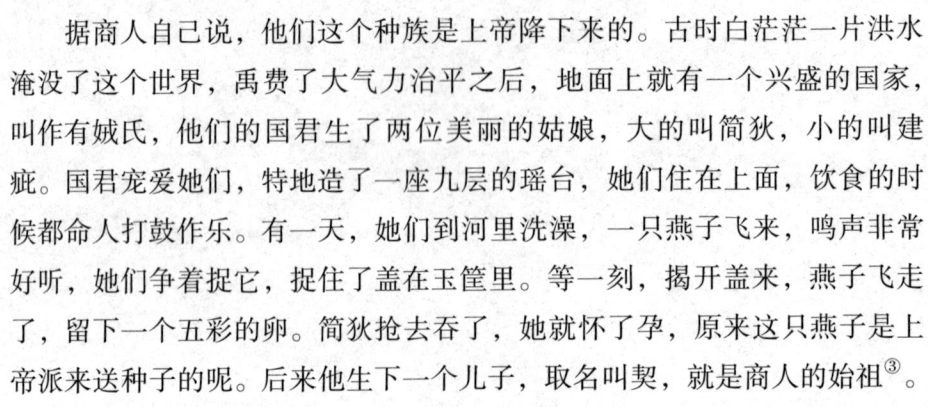

据商人自己说，他们这个种族是上帝降下来的。古时白茫茫一片洪水淹没了这个世界，禹费了大气力治平之后，地面上就有一个兴盛的国家，叫作有娀氏，他们的国君生了两位美丽的姑娘，大的叫简狄，小的叫建疵。国君宠爱她们，特地造了一座九层的瑶台，她们住在上面，饮食的时候都命人打鼓作乐。有一天，她们到河里洗澡，一只燕子飞来，鸣声非常好听，她们争着捉它，捉住了盖在玉筐里。等一刻，揭开盖来，燕子飞走了，留下一个五彩的卵。简狄抢去吞了，她就怀了孕，原来这只燕子是上帝派来送种子的呢。后来他生下一个儿子，取名叫契，就是商人的始祖③。

这位派燕子下来送种的上帝，他们说他名夋；后来写了同音的字，变作帝喾④。他们也称夋为"高祖夋"，表明这位上帝就是自己的始祖。像这样的人类起源的神话，朝鲜也有，满洲也有，可见它在环着渤海岸的各部族之间是普遍流行的，也就可以推知这些部族大有同出一源的可能⑤。

简狄的儿子契，关于他的事迹我们实在听得太少了，只知道他的称号是"玄王"，这大约因为燕子色黑，称为玄鸟，而契的生命乃是玄鸟带来的缘故。他的儿子昭明搬到商丘，国号就叫作商。昭明的儿子相土是一个有烈烈武功的国王，他开拓的地方大了，立了两个都城，西都是原有的商，东都在泰山的附近。后来诗人咏叹他，还说他的势力达到了"海外"。可惜这位诗人说得太简单了，不知道所谓海外是"外"到哪里，是不是他跨过黄海而发展到了东岸的朝鲜⑥？

又传了几代，到王亥。他从商丘北渡黄河，带了很多的牛羊，向高爽地方游牧去。走到易水，停留在易国里。那位易国的君主緜臣起初待他很好，请他看跳舞，又把美貌的姑娘许配给他。可是这种假殷勤终究会被拆穿，緜臣抓住一个机会，把他杀了，把他的牛羊群统统夺过去了。商国兴师问罪，打了两世的仗，才把緜臣杀掉，报了这个大仇⑦。

相土和王亥这两位商王还有同样可注意的故事，原来用马驾车是相土发明的，用牛驾车是王亥发明的。有了这种发明，交通就渐渐便利了起来⑧。

又过了好几代，到汤，他建都在商丘西北的亳⑨。人们说，他十分敬重上帝，他的圣德一天天的升闻到天上，上帝信任了他，便命他享有天下。他既受了上帝的宠爱，政治更好了，武功更强了，小国大国归附他的更多了。那时有一个葛国⑩，国君不行祭祀之礼。汤去质问他不祭的理由，他道："我没有牺牲。"汤叫人把牛羊送去，葛君自己吃了。第二次去质问的时候，他的回答是没有黍稷，汤命令自己的人民到葛国去替他种田。少壮的辛苦耕种，老弱的来往送饭，葛君又叫人把他们的饭食抢了下来。有一个小孩提了一篮子黍和肉，不让他们抢，就被杀死了。因为他们杀死了这个小孩，汤就出兵把葛国灭掉。那时各地的人们听到这事，都称赞道："汤这番举动并不是贪占地盘，乃是替平民报仇呀！"自从这一次打起了头，他一共举了十一次兵，就成为那时的最强者了⑪。

那时天下的共主是夏桀，他在自己的王国里压迫人民，人民咒诅他早死。桀听到了，笑道："他们干什么！我是太阳，待没有了太阳我才死呢！"汤想机会到了，就麾戈北向，先伐灭了韦、顾、昆吾⑫，把桀的与国剪除了，进一步便和夏王开战。但他的军士们似乎不很愿意，于是他誓师道："听你们讲，'夏王的不贤和我们有什么关涉？'你们这话是错的。你们应该知道，我是受了上帝的命令而出兵的！我畏惧这最高的威严，不敢不这样做。现在你们尽力帮我去执行上帝的责罚罢！你们肯去，我有大大的赏赐；不去，我连你们的妻子都杀了！"在这样严厉指挥之下，果然把夏师打得一败涂地。桀逃到三朡⑬，就追到三朡。桀又逃过淮水，直奔南巢⑭，那里离中原太远了，他总歇手。这是中国历史上"革命"的第一幕。

怎么叫作革命呢？原来夏王做天下的共主，是数百年前上帝的命令，现在上帝又有新命令给汤了，接受了这个新命令去革掉那个旧命令，这就叫作革命[15]。

自从契立了国，相土大扩国境，王亥游牧北方，经历约十四代，四百年，打好了这一个基业，到汤的时候才发展到了顶点。因为汤的武功像火一般的旺盛，所以他自号为"武王"。在很远的西边有两种人，一种叫羌，一种叫氐，都迢迢地进来朝贡，承认他在西方的宗主权[16]。

许多记载告诉我们，商是常常迁都的：汤以前移过八次，汤以后又迁过六次[17]。他究竟为什么要迁，是不是游牧部落的习惯，还是遭遇了水灾？这个问题我们现在还没法回答。

书上说：自汤建都于亳之后，经过八代没有移动。到第九代仲丁，他迁到嚣[18]。又传了两代。到河亶甲，他渡河而北，建都于相[19]。他的下一代祖乙又迁于耿[20]。住了不久，遇着水灾，冲坏了，他又迁到庇[21]。在那里传到第四代南庚，又渡河而东，迁都到奄[22]。只隔了一代，到盘庚，又西渡河，定都于殷[23]。从此以后，他们住定了，直到亡国，在那边经历了二百七十三年。总看这些建都的地方，都在黄河和济水之间。殷是商朝最长久的都城，所以后人就用了"殷"来称商，或合称为"殷商"。但别人尽管叫他们为殷，他们自己还是称商。这个地方在黄河的转角上，太行山的东边。讲到交通，是北望漳水，南望淇水，靠近的是洹水，可说是十分方便。也有人说商末曾迁都朝歌[24]，朝歌在淇水之南。但据新发现的甲骨文看来，却没有这件事。大概因为淇水之旁绿竹丛生，风景幽雅，座至盖造几所离宫别馆在那边，做游观和避暑的所在呢[25]。

在他们的王国之外，有属国，又有外邦。商人称外邦常用"方"字。这些方的名称，有马方、虎方、井方、盂方、三封方等等。有许多方现在已经找不出他们的所在地了，还有许多方我们连他们的国号都念不出字音来了。在邦交好的时候，外邦常常送东西进来，商王也常要替他们祝福；等到邦交一坏，商王不但出师征伐，而且还在祖宗的灵前祈求降下灾罚给他们[26]。现在掘出来的许多商朝的东西，里面有咸水贝，有鲸鱼骨，由此知道他们和海上的交通是很密切的。猜想起来，这个王国当是介于现今的山东、河南、河北和山西四省之间；至于他们的宗主权所及，西边到陕、甘，东南到苏、皖，东边说不定越海到朝鲜，东北一定达到辽宁。他们的声威，既经这么远，所以他们的文化就取精用弘，各方面的文物都有使用的机会，他们能采南国之金，制西方之矛，捕东海之鲸，游猎于大河南北，以从事于文教的制作和武功的发扬，全东亚再没有可与他们抗衡的国家了[27]。

汤以后武功最大的王有两个，一个是武丁，一个是纣。武丁时有个强大的异族，叫作鬼方，他们的根据地在现今的陕、甘一带。大概为了他们的势力向东进展到今山西，离商都已近，武丁便领兵征伐，一打打了三年，才把他们克服。打一回仗要用三年工夫，在古代真是一个极大的战争了[28]。那时商的强邻还有四个，东面的是夷方，北面的是土方，西北面的是贡方，西南面的是羌方。武丁曾用了五千人打土方，用三千人打贡方，又曾命他的妃子名妇好的带了一万三千人去打羌方，显见得羌方比别的方一概强盛。但征伐的次数，在现今已整理的材料里，伐土方、羌方、夷方，都只有几次，伐贡方却有二十六次之多，又可见贡方捣的麻烦最为厉害。商的属国，如沚，如戉，都在西边时时受土方和贡方的欺凌，他们也就时时到这宗主国来请求保护。羌方是汤时就来朝贡的，但在武丁时曾有些小变乱，结果仍被征服了。至于商的东方属国，有画，在今山东临淄附近，有兒，即后来的郳，他们和井方为邻，没有听说动过刀兵[29]。

商的末叶有一件很重要的战史，就是纣征夷方。在纣的十年、十五年、二十年，一共对于夷方开过三次仗。夷方就是东夷，在今山东一带，当古代的济水流域，本是商的属国，在武丁时已闹过，到了这时又叛变起来。纣靠了他自己的才干高强，兵士众多，用了全力把东夷攻克，捉得许多俘虏而归。可是这回表面的胜利竟成了他后来失败的根本原因，因为打得太凶，把自己的国力闹空虚了，"螳螂捕蝉，黄雀在后"，周人乘虚而入，他再也没有力量去抵抗了[30]。

周人立国在今陕西中部，起初不过是一个部落，经了三四百年的经营，居然成为西方最强大的国家。商朝封他们的君主为"周侯"[31]，又和他们缔结姻亲[32]，很想把这一个强族拉到自己的势力范围之下。不幸商朝有了千余年积累的文化，大家专喜欢讲究生活的舒服，渐渐把朝气换成了暮气。到末年，他们上上下下的人都爱喝酒作乐，喝得个人事不知，整夜叫闹，甚至把白天当作了晚上。他们的最主要的道德原是敬重鬼神，虔诚祭祀，但到了这时候，品行的堕落甚至到要偷窃祭神的牺牲了。做官的也没有一点纲纪，只会互相欺骗。人民又时常闹意气，彼此结成冤家，全国仿佛一盘散沙[33]。就在这时候，那文化程度不很高的周国急剧地兴盛起来了，他们有很大的地盘，很富的农产，很强的武力，还有刻苦奋斗的精神，试问在这个老大国家里享福惯了的人们如何挡得住这种锐利的侵略，于是商朝就像疾风吹落叶般地结束了！

从契到纣，依现在所知道的共为四十六王。商人传位的制度大致是兄终弟及的，一世可以不止一个人做王，所以从世数算来一共是三十世[34]。年数现在已没法确实知道，我们猜测起来，从他们的初建国到灭亡，大约一千年是有的，从汤到纣，相传是六百年左右[35]。因为他们始创文字，记出了他们的事迹，所以我们称商朝为有史时代的开头[36]。

在春秋的末年，孔子为了寻求商朝的制度，特地跑到宋国去，但结果只有带着失望回来[37]。现在离那时又已二千四百余年了，孔子所能看见的东西我们也看不见了，我们对于商的历史将如何讲起？天大的幸运，四十年前商朝的甲骨卜辞发现于河南安阳，经过长时间的发掘和研究，又加上旧传的材料，我们方得说出一个大略。安阳就是商朝的下半段建都二百七十三年的殷地，后来叫作殷墟的。因为这是一个长时期的都城，所以保有十二代君主的占卜遗物。为什么在占卜上会得保存历史呢？原来那时的国王每做一件事必先占卜，祭祀的事不用说了，就是出去、回来，走到哪里，停在哪里，经过哪里，在哪里打猎，在哪里捕鱼，向哪方开仗，向哪方交际，都得占卜，也都得把占卜的事情刻在占卜的甲骨上，所以这些卜辞就不啻保存了他们的二百数十年的历史。我们生在这个时代实在太幸福了，我们对于商朝历史的知识不但超过了汉以下的史学家，而且也超过了春秋时的那位征文考献的孔子了[38]！

注释：

① 本段根据傅斯年先生《东北史纲》第一卷《古代之东北》第一章（民国二十一年十月，国立中央研究院出版）。所谓考古学上的证明，系指民国十年安特生先生在辽宁省锦西县沙锅屯的发掘，他证明该地的文化遗

物，如贝环，如彩色陶片，都和河南渑池县仰韶村所发现的异常的合同，其结论云："此一穴居之留遗，与彼一河直遗址，不特时代上大致同期，且正属于同一的民族与文化的部类，即吾所谓仰韶文化也。"（见地质调查所出版之《古生物志》丁种第一号第一册）又沙锅屯与仰韶村所出之人骨，由步达生先生比较研究，其结论亦谓此两地居民并与今日北部中国人为一类（见《古生物志》丁种第一号第三册）。又一九二八年日本东京帝国大学滨田耕作教授等发掘旅顺之貔子窝，其结论亦谓发现之人骨与仰韶村及沙锅屯人为近，并谓汉武帝时之汉人东渐，乃是前此支那人伸张之重现，而武帝之成功亦正以其在该地原有相当的民族根据的缘故（见《貔子窝发掘报告》）。

②商丘，今河南省东部之商丘县。《史记·殷本纪》云："契封于商"，是都商者始于契。《荀子·成相篇》云："契玄王，生昭明，居于砥石迁于商"，是都商者始于契子昭明。无论如何，总是商人早年的根据地。

③本段根据《诗·商颂·玄鸟》及《长发篇》，《吕氏春秋·音初篇》《淮南子·地形训》。

④甲骨卜辞中常见"夔于夒"之文，王国维先生据皇甫谧"帝喾名夋"之语，定"夋"为"夒"字之讹文，"喾"与"夒"声相近，故古籍中又作"帝喾"，说见其所作《古史新证》（清华大学研究讲义）。

⑤傅斯年先生《东北史纲》第一卷第一章第三节《朱蒙天女玄鸟诸神话》所说。《魏书·高句丽传》云："朱蒙母……为夫余王闭于室中，为日所照，……既而有孕，生一卵，大如五升。……置于暖处，有一男破壳而出，……字之曰朱蒙。"朱蒙后为高句丽王。《清太祖实录》云："天降三仙女，浴于泊，长名恩古伦，次名正古伦，三名佛库伦。浴毕上岸，有神鹊衔一朱果置佛库伦衣上，……甫著衣，其果入腹中，即感而成孕。……后生一男，……名布库理雍顺，……其国定号满洲，乃其始祖也。"

⑥本段根据《诗·长发篇》、《左氏》定四年传、《荀子·成相篇》。按《左传》云："取于相土之东都以会王之东蒐。"杜注："为汤沐邑，王东巡守，以助祭泰山。"故知相土东都当在泰山附近。

⑦本段根据《楚辞·天问篇》《山海经·大荒东经》及郭璞《山海经注》引《竹书纪年》。按：王亥之名不见于《史记》，人们早已忘却。民

国初年，王国维先生整理甲骨文字，屡见"賣于王亥"之文，加以考核，始知《史记》之"振"即为其误文，经此发现，那些散见于各书的零碎材料也就联贯起来了。说详其所著《殷卜辞中所见先公先王考》中。

⑧本段根据《世本·作篇》（《周礼·校人注》及《初学记》卷二十引）、《荀子·解蔽篇》、《吕氏春秋·勿躬篇》、《管子·轻重戊篇》及王国维先生《殷卜辞史所见先公先王考》、董作宾先生《甲骨文断代研究例》。（相土或作乘杜，或作乘雅；王亥或作王冰，或作胲。）

⑨汤都之亳，一称北亳，在商丘西北，今山东曹县南。说详王国维先生《三代地理小记》。

⑩葛国，今河南宁陵县地，在山东曹县西南。

⑪本段根据《诗·商颂·长发篇》《孟子·滕文公下篇》。

⑫韦国在今河南省滑县东南，顾国在今山东范县东南，昆吾国在今河北濮阳县东。这三国今日虽分划归三省，但在地理上却非常接近，都在当时济水的上游。

⑬三朡，在今山东定陶县。

⑭南巢，在今安徽巢县东北。

⑮本段根据《诗·长发篇》《书·汤誓》《书·多士篇》《孟子·梁惠王上篇》《书序》。

⑯本段根据《诗·长发》《诗·殷武篇》《国语·周语下》。

⑰根据《书序》《史记·殷本纪》，及古今本《竹书纪年》。

⑱嚣，亦作隞，在今河南河阴县西北。

⑲相，在今河南内黄县东南。

⑳耿，旧说在今山西河津县；但是别的都城全在太行山之东，为什么独有这一个远在山之西呢？《史记·殷本纪》，耿作邢，在今河南温县，当即其地。

㉑庇，不详其地，大约离邢不远。

㉒奄，在今山东曲阜县。

㉓殷，在今河南安阳县。

㉔朝歌，在今河南淇县，北与安阳接境。皇甫谧《帝王世纪》谓武乙徙都朝歌。

㉕本段根据《书序》、《史记·殷本纪》、《诗·大雅·荡篇》（称商为殷商）、《周书》各篇（称商为殷）、甲骨卜辞（有商无殷）及王国维先生《三代地理小记》。

㉖根据余永梁先生《牧誓的时代考》（《古史辨》第二册页七五）、董作宾先生《甲骨文断代研究例》（《庆祝蔡元培先生六十五岁纪念论文集》）。

㉗根据李济先生《安阳最近发掘报告及六次工作之总估计》（《安阳发掘报告》第四期，民国二十二年国立中央研究院出版）。李先生在本文中说："殷墟文化是多元的。……出土品中确可指为原始于东方的为骨卜、龟卜、蚕桑业、文身技术、黑陶、戈、瞿、戚、璧、瑗、琮等。确与中亚及西亚有关者，为青铜业、空头锛等。显然与南亚有关者，为肩斧、锡、稻、象、水牛等。这些实物都是构成殷墟文化的重要成分，已与那时的人民的日用及宗教生活发生了密切的关系，不是短时间的一个凑合。换句话说，他们的背后已经有了一大段的历史。要是我们能把上列的诸实物每一件移动的历史都弄清楚，我们对于殷商以前黄河流域与他处的交通也可以明白好些。"

㉘根据《周易·既济》爻辞、王国维先生《鬼方昆夷猃狁考》。

㉙根据董作宾先生《甲骨文断代研究例》。郯即春秋时的小邾。

㉚本段根据《左氏》宣十二、十五，昭四、十一年传；《小臣艅尊铭》；董作宾先生《甲骨文断代研究例》。夷方的叛变，在《周人的崛起及其克商》注19中有一个推测。

㉛见董作宾先生《新获卜辞写本后记》（民国十七年中央研究院出版）。

㉜见《诗·大雅·大明篇》。

㉝以上见《诗·大雅·荡篇》《书·微子篇》。

㉞根据董作宾先生《殷代先公先王世系图》（在《甲骨文断代研究例》中）。

㉟《左氏》宣三年传云："鼎迁于商，载祀六百。"《汉书·律历志下》云："自伐桀至武王伐纣，六百二十九岁。"

㊱商代的文字因为刻在甲骨上，所以称为甲骨文。那些文字大部分是

象形的，写法也没一定，往往一个字有几十种写法，行列的形式也极随便，足见那时还在文字的构成途中，想来商以前是没有文字的。在发现的古物里边，从来不曾有过一件虞、夏时的有文字的器物，也足以证明这个假设。

㊲见《论语·八佾篇》《礼记·礼运篇》。

㊳关于甲骨文字的发见和研究的经过，见董作宾先生《甲骨年表》（商务印书馆出版）、朱芳圃先生《甲骨学商史编》（中华书局出版）。按安阳甲骨本散在田间，村人当作龙骨卖给药铺，至光绪二十五年（公元一八九九年），始给山东古玩商人贩至北京，取得古物的价值；到今年（一九三九年），整整的经过四十年。现在大批甲骨和商代铜器、陶器、石器、人兽遗骨等等，均藏在国立中央研究院历史语言研究所中。

附前记

许多年来，我常想系统地编出一部"中国古代史"，给一般人看。无如北平书籍太多，研究小问题太方便，总不容许做大体的叙述。抗战以来，许多书籍看不到了，而我们在大学里的职业还没有丢掉，我很想借此机会达到这一项志愿，所以前年到了云南大学，就用通俗体裁编写上古史讲义。人家笑我写的是小说，我说：我正要写成一部小说，本不稀罕登大雅之堂。不幸流离转徙之余，血压太高，身体骤坏，只写成九章就搁下了。现在《文史杂志》累函征文，病躯支离，实不能握笔作新东西，只得检出旧讲义塞责。读者诸君如果觉得这个体裁可用，希望大家起来这样写，让一般没福享受高等教育的国民能看我们的正史，激起他们爱护民族文化的热忱；那些大学生呢，也可看了我们的注释，自己去寻求史料，做深入的研究。民国二十九年十二月十三日记。

（原载《文史杂志》第一卷第二期）

周人的崛起及其克商

周人的来源和商人有些相像，也是上帝特地降下来的，但关于这个圣胎的获得却又别出蹊径。他们说：古时有一个女子名唤姜嫄，她的德行为上帝所赏识。她诚心祭祀，祈求上帝赐给她一个儿子。有一天，她在野里走路，瞥见路上留着很大的脚印，一时高兴，踏在上面走过去，就觉得肚子里怀了孕。足月之后，很顺利地产下一个男孩。因为这个孩子是上帝降下来的，所以他不受人间的一切伤害。有一天，她无意中把他放在一条小巷里，没有去照管，牛和羊便跑来给他吃奶。有一次，他迷失在一座树林里，就有砍树的人把他带了出来。又有一次，他失足掉在冻冰的河上，就有鸟飞下来张开了翅膀遮护着他；等到这头鸟飞开时，他呱的一声哭出来，声音很响亮，惊动了行路的人，便由他们抱起来了。到他稍微长大时，就会随处表现他的农业天才，豆咧，麻咧，麦咧，种什么好什么。因为他什么植物都会种，并且传下了许多好种子，所以他的子孙们上给他一个尊号，叫作"后稷"。"稷"是农作物的一种，现在的名称是高粱，大概那时人吃的最多，所以把它当作了农作物的代表；"后"即王的异名，这个尊号译成现代语便是"种田大王"。他死后成为农神，他的子孙用了最隆重的仪式去祭祀他，把他配享上帝，所以田里的收获丰盛时，他们说他正在出力养活下民，年成坏了，又说他在天上急得跺脚，想不出什么方法来救他的子孙①。

相传姜嫄是有邰氏的女儿②，她的儿子后稷长大了也住在有邰，邰地在今陕西武功县境③。周人又说自己这一族先住在杜水旁边，后来又迁到漆水岸上。杜水在武功县东，漆水在长安县西，表明他们是由西向东顺着渭水迁徙的④。不知道他们在漆水边住了多少时候，传到公亶父，他想换一个新环境，就带了他的夫人姜女和一班人民又回头向西，沿了渭水和雍水，走到了岐山的山脚。在那边，他们找到一块大平原叫作周原的，非常的肥美，连堇荼这种苦菜也带了一些甜味儿，他喜欢极了，想定居在这里，就和随从的人们商量，又用了龟甲占卜，都得着满意的表示。他们住了下来，划分田亩的疆界，把人民安顿在各方面。本来他们住家在漆水边时，是在窑洞里过活的，现在迁到了这块新地方，就聚集人众，大兴土木。这边是宗庙，那边是社坛，这里是宫室，那里是城门，一路打鼓，一路工作，把这座城布置得井井有条了。因为他们住在这块周原上，所以他们的国号就叫作周⑤。

不知道又过了几代，传到公刘。公刘是一个很有作为的人，不肯安闲地住着。他勤于农业，把粮食积聚起来，等到积得很多之后，就率领人民，背了弓箭，裹了粮草，向东北行去。他们走到泾水旁边的邠谷⑥，那里也是一块大平原，水泉又很多。他上山下原，拣择适宜建都的地方，看到一处高丘，其名曰京，觉得它最好，就在那里筑起城邑来了。泾水东南流入渭水，渭水南岸就是终南山，木材最多，石料和矿产也很丰富，他派人去运，一船一船地载了来。邠地向来没有垦辟过，他芟草刊木，新开了好多的土地。顺着水泉灌溉的方便，他划分了若干区田亩，授给人民耕种，又规定了他们的军赋和税法。因为他管理得很好，别处的人也去归附他，他的人民一天比一天增多起来，连山涧里都住满了。人口增加之后，土地不够分配，只得到泾水上流去再开辟新地方，周国的疆域便又扩充到汭水的外面⑦。他的都城建在京丘上，就叫作京，用久了变作都城的通名，所以后世的王都也都称为京，或又加上一个方向，又或加上一个地名，称为什么京了⑧。

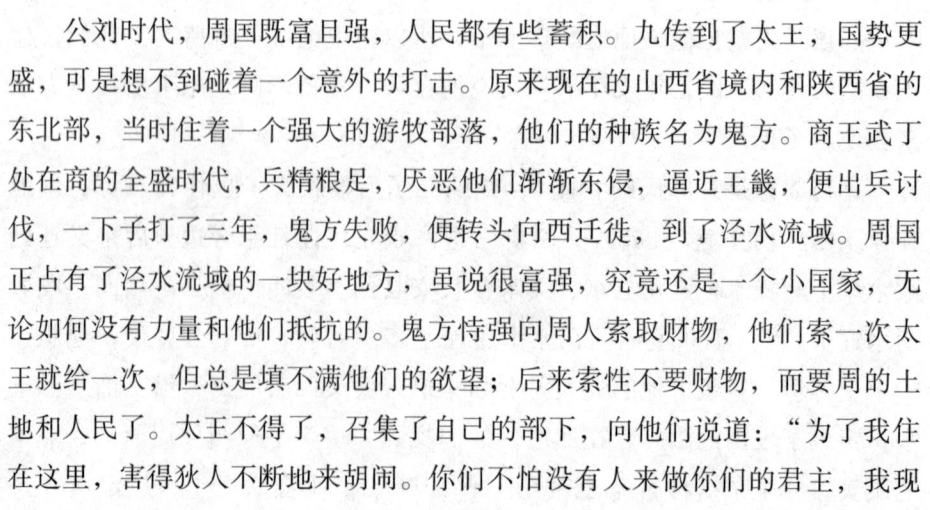

公刘时代，周国既富且强，人民都有些蓄积。九传到了太王，国势更盛，可是想不到碰着一个意外的打击。原来现在的山西省境内和陕西省的东北部，当时住着一个强大的游牧部落，他们的种族名为鬼方。商王武丁处在商的全盛时代，兵精粮足，厌恶他们渐渐东侵，逼近王畿，便出兵讨伐，一下子打了三年，鬼方失败，便转头向西迁徙，到了泾水流域。周国正占有了泾水流域的一块好地方，虽说很富强，究竟还是一个小国家，无论如何没有力量和他们抵抗的。鬼方恃强向周人索取财物，他们索一次太王就给一次，但总是填不满他们的欲望；后来索性不要财物，而要周的土地和人民了。太王不得了，召集了自己的部下，向他们说道："为了我住在这里，害得狄人不断地来胡闹。你们不怕没有人来做你们的君主，我现在要避开了!"他就带了家属,离开邠地,翻山到岐山的南麓——自己的祖宗的老地方。邠地的人民舍不得他,一家家扶老携幼,跟随他到了那边。岐山土地肥沃,不比邠地差,他把国家迁去同样可以好好过活;而且岐山南面有一条道路可通汉水的上游,那边也是好地方,又给他们一个向南发展的机会。太王有三个儿子,大的泰伯,次的仲雍,幼的季历。那两位哥哥看自己的小弟弟能干,不怕他担负不了国家大事,就把将来的君位让给他。他们弟兄二人带了部属直向南方山沟里走去,沿着汉水到了长江,断发文身,和蛮人一起度日。他们的本领高强,蛮人佩服他们,齐来归附,泰伯登时做了那边的君主,国号为吴。泰伯死后,仲雍继位,后来仲雍的子孙又继续下去,周人在南方就有了稳固的势力⑨。因为周的国土扩大,富力增加,所以周君也学了大国的模样,改号称王了⑩。

季历做了王,称为王季。他不但有很好的德行,而且还成就了煊赫的武功。那压迫太王的鬼方,到了王季的手里就报了仇了,他们的二十个狄王,在一次战争里都做了周国的俘虏。后来他伐燕京之戎,不幸失利。过了两年,他又伐余无之戎,得着一回大胜。商王文丁看他的势力这样蓬勃,恐怕于座不利,为想羁縻他,命他为"牧师",那就是诸侯的领袖的意思。到这时,周就成了商以下的唯一大国。又过了三年,他攻打始呼之戎和翳徒之迭,也都把他们克服。这许多戎大概都在现今的陕西一带,周人的疆土,靠了这几次武功,急剧地向东向北扩张开来。但文丁站在旁边看着再也忍不住了,他趁王季没有留心的时候就把他捉来杀了⑪。

为了周国急速发展的缘故,商王不但命王季为牧师,而且早年还送给他一位夫人,叫作太任。太任是商王畿内的挚国的姑娘,嫁到周国去着实有些和亲的意味。她生的儿子名昌,就是文王。文王即位的初年,商王帝乙又把自己的少女嫁与他。他们结婚的时候,举行了一个盛大的典礼,文王到洽水⑫和渭水的边上去亲迎,把许多船只联结成为一道很长的浮桥。这样的大典礼使得僻处西边的周人大开眼界,所以后来诗人咏歌,说这位大国的姑娘表现她的光荣,仿佛天上降下来的女神一般。但文王却不因他自己一来是商的外甥,二来是商的姑爷,就忘掉了他的祖和父传给他的使命;商王的恩礼愈重,他的愿望也继长增高。他是一个有大干才的人,又有许多的好辅佐,无论在实力上或德行上都足以使人心悦诚服,所以四方的小国归附他的很多。那时商王纣怕他，正像以前文丁怕季历一样。纣也曾把他捉住了关闭在羑里，然而一班心向他的诸侯都情愿跟他一块儿监禁，商朝没有法子对付，只得把他释放了。纣在黎的地方练兵[13]，那里是商、周二国的边界，目的恐怕是在整饬国防，向周国做些威胁。忽然消息报到，东夷叛变了。他赶紧出师东伐，打了好几年仗才得平定。可是得到胜利之后，他们已经筋疲力尽，不暇西顾。文王乘着这个当儿，很轻易地把黎这块地方抢过去了。这真是给商朝一个很大的打击。当时商的一位大臣祖伊听到这事，奔到王前，急忙说道："天子啊！我们的天命怕已终止了吧？那位西方的霸主已经把黎打下来了！"纣也没有办法，只得向祖伊安慰道："天命究竟在我的身上，看他把我怎么样罢！"在文王伐黎的前前后后，他又判断了虞国和芮国的争讼，取得西河两岸的主权[14]；又赶走了畎夷[15]，伐灭了密国，保护了阮国[16]，巩固北面的疆土；又灭了崇国[17]，镇定渭水的南岸；又打下了邘国[18]，直逼商的王畿。拿现在的省区来看，周的国境已跨有陕西、甘肃、山西、河南四省之地；如果连泰伯、仲雍新辟的地方一块儿算上，恐怕湖北和江西都成了周的天下了。因为这样，所以后人称赞文王，说，如果把天下分作三份，文王倒占有了两份[19]。

当文王灭崇之后，嫌岐山下面的都城偏在西边，不便经营东方，就迁移到崇国的故地，沣水的旁边，称为丰邑[20]。他很想在这个新根据地上完成他的伐商大志，不幸他得病逝世了。他的长子武王继起，为要成就他父亲的事业，自称"太子发"，在毕地祭了天[21]，奉了文王的木主，出兵东征。他行到孟津[22]，只见四方的诸侯都带兵前来参加。但他体察情形，似乎商朝的实力还不可轻视，深恐一击不中反而损伤了自己的威信，即命班师回国。过了两年，他觉得时候到了，就率领戎车三百乘[23]，虎贲三千人[24]，还带着许多友邦和西南八个蛮族的联军[25]，浩浩荡荡，直奔商都。他们从氾水边上[26]渡过黄河，顺着太行山脉走了六天，毫无阻拦，一气走到商都南郊的牧野[27]。第二天一早，天还没有大亮，武王就召集了所有的军队，他左手握定黄色的大斧，右手摇着白旄牛尾的指挥旗子，誓师道："诸位从西方来，走得辛苦了！商王纣听信了妇人的语言，轻忽了神灵的祭祀，疏远了自己的弟兄，包庇了外邦的罪犯，所以我要恭行上天的责罚！你们应当整齐步伐，勇敢向前，像虎、貔、熊、罴一样的勇猛！你们勉力罢！上帝就在你们的面前，你们不可疑惑呀！"那时商的军队重重叠叠，像一座茂密的树林；不过他们的兵士里边有许多是从东夷捉来的俘虏，他们怀着二心。那时周人的明晃晃的战车直冲过去，勇将师尚父像天空中的老鹰一样飞扬击斗，商人已招架不住，想不到他们前阵的俘虏们又忽然回转身来杀向自己的队伍里去，一霎时杀得纣的十万大兵一齐崩溃。后人形容那时流血之多，说道，战场上血水滔滔，连舂杵都浮起来了㉘。

纣是一个硬汉，他不肯逃走。奔到鹿台之上，自己放火烧死。武王举起旗子麾进诸侯，朝着纣的尸首射了三箭，砍下了他的头，挂在大白旗上；又把两个自缢了的妃子的头砍下，挂在小白旗上。他们在连都里住了一夜，就聚集周国的许多重要人物举行一回大祭，武王拜受天命。可是周虽克商，究竟他们初到中原，和商的人民没有什么关系，而且商的地方是这么大，要马上做新任的主人翁也有好些困难。所以武王取了商朝的许多宝物之后，觉得还不如享有东方宗主权的好，他就命令纣子武庚仍做商王，另外派了两个自己的弟弟管叔鲜和蔡叔度帮着商王管理政事，连武庚称为"三监"，要他们监视住商的人民，不许叛变。这样一来，商就成了周的保护国了。箕子是纣的叔叔，只为触怒了纣，被编入奴隶队里，到这时武王放他出来，封他为朝鲜的君主。诸事安排已毕，就收兵回转西方。武王把周的国都迁得更东一点，在滈水边上筑了一座城，名为镐京㉙。他做了西土的王，武庚做了东土的王，周是天下的共主，商是半独立的王国，武王就这样地决定了㉚。

武王克商之后，不久逝世，他的儿子成王年纪还小。商是个有千余年历史的大国，哪能在一时就给周人征服，所以武庚趁这机会，联络了徐、奄、淮夷等八个东方国家㉛，揭起反周的旗帜。那时在周朝执掌大权的是武王的弟弟周公旦，管叔、蔡叔和他虽是同胞兄弟，看他独揽政权，也不免眼中出火，就发散谣言，说周公对于成王不怀好意；他们不去阻挡商兵，反而离间王室，周公一方面须得对付武庚的外患，一方面又要对付管、蔡的内乱，没有办法，只得倚仗了武力来解决。他出兵东征，经历三年的时间，一直打到海边，灭了五十个国家，杀了武庚和管叔，囚禁了蔡叔，总把这场大乱平定。这是周人第二度克商，不但克商而且连带克了商的许多属国和与国，周人的势力方始真正达到东方。周公做长治久安的打算，下了一个决心，把周家的族人和姻亲封建到新征服的地方。周公的弟弟康叔封本是封国在康的，现在打下了商都，就把他改封到那边，立了一个卫国㉜。周公的长子伯禽本是封在鲁的，现在打下了奄国，就把他改封到那边，连鲁这个国名也带了过去㉝。其他商王势力所及的地方，像齐，像燕，也都把周王室里的重要人物分封了㉞。一时新建的国家星罗棋布，这里且不谈。再说那班反周的商遗民，自从周公用了全力把他们平定之后，他再也不肯放松他们了，有的发遣给新封的诸侯，做了奴隶㉟；有的被驱逐到遥远的地方，成了化外㊱；那些有势力的和不肯妥协的呢，周公在洛阳造起一座大城市，把他们押搬到那边去，还把一部分商朝的官吏迁到镐京的北面，好由周朝就近监视，不让他们做出某些活动㊲。这时候，一个有长久历史的大国就真的灭亡了！但周公还为保留他们的面子，把纣的老兄微子南封到他们的老家商丘，立了一个宋国，因为微子本是投降武王的，料想他不敢反抗，也许还可以帮助周王镇压商遗民咧㊳。周公施展他的铁腕实现了这许多的政策，周朝八百年的基业就稳稳地站住了㊴。

注释：

①本段根据《诗·大雅·生民》《诗·大雅·云汉》《诗·周颂·思文》《诗·鲁颂·閟宫》诸篇。《生民篇》中"履帝武"一语实不可解，只得采取了《史记·周本纪》的说法。相传后稷名弃（自《左传》和《史记》以来都这么说），但我不信。这个孩子是姜嫄自己去祈求来的（《诗·生民》"克禋克祀，以弗无子"，弗即祓除之祓），为什么生下之后要弃去呢？所谓寘之隘巷、平林、寒冰，而终于无灾无咎，都只是表示他在上帝的保护下的奇迹，而不是说姜嫄故意丢掉了他。近来又有好多人说后稷无父而生，可证那时还是知有母而不知有父的母系社会。但那时离现在不过三千多年，母系社会似乎不会这样地近。这无非是周人自尊其祖先以取得民众的信仰，故托之于上帝特降而已。

②见《大戴礼记·帝系篇》。《世本》文同，见《诗·生民篇·正义》引。但它们都把姜嫄说成帝喾的元妃，这是附会，看《生民》和《閟宫》的本文便知。

③《诗·生民篇》："即有邰家室。"《正义》云："此邰为后稷之母

家，其国当自有君，所以得封后稷者，或时君绝灭，或迁之他所也。"这是无可奈何的一种解释。但何以知道后稷一定做了邰君呢？《正义》又引杜预云："邰，始平武功县所治釐城是也。"

④《诗·大雅·緜篇》："緜緜瓜瓞，民之初生，自土沮漆。"这"民之初生"一语和《生民》的"厥初生民"一样，都是说自己这一族开头时的情形。"自土沮漆"，《汉书·地理志》右扶风杜阳下颜师古注云："《齐诗》作'自杜'"，既知土当作杜，杜为地名，即知沮为徂误，徂为动词，和《緜篇》的"自西徂东"、《云汉》的"自郊徂宫"诸句一例，就是说周人是从杜迁到漆的。漆为水名，《诗·周颂·潜》："猗与漆、沮，潜有多鱼"，《书·禹贡》："漆、沮既从"，漆与沮近，故常联文，后人因杜写作土，不得其解，遂读徂为沮，以沮漆为漆沮之倒文。杜亦水名，《汉志》"杜阳"条云："杜水南入渭"，大约就是现在的武亭河，贯麟游、扶风、武功、盩厔四县之境而入于渭水的。漆水当在长安县境内。《水经注·漆水》篇引潘岳《关中记》云："酆、鄗、漆、沮四水在长安西南鄠县，漆、沮皆南注，酆、镐水北注。"按《禹贡》云："泾属渭、汭，漆、沮既从，沣水攸同。"泾水在长安北入渭，沣水在长安南入渭，则叙述在泾、沣之间的漆、沮自必在长安附近。《禹贡》又云"导渭自鸟鼠同穴，东会于沣，又东会于泾，又东过漆、沮，入于河"，则漆、沮必在泾水之东可知。沮水今称石川河，在高陵县入渭；漆水虽不详今名，当亦在石川河附近入渭，或即石川河的支流。《周颂·潜篇》为西周王者荐鱼享祀之诗，而彼时取鱼于漆、沮，是必如成周之瀍、涧，新郑之溱、洧，近在国都之旁者，决不能远至岐山之下也。后人未想到此层，遂将漆水说至岐周去，以至无法解此矛盾。又有人因汉代之漆县即今邠县，而将漆水说在邠县的，亦同样不可信，因与下文"率西水浒，至于岐下"之道路不合也。

⑤见《诗·大雅·緜篇》。打鼓，是建筑时约束工人的节奏。公亶父这个人，从孟子以来都说是太王，我觉得不对。《緜篇》明明说"民之初生"，足见这乃是周人历史的第一页（后稷降生本来是一个神话；诗中又在公亶父的名上加了一个"古"字，和《尚书》的"曰若稽古"相同，可见这件故事是很早的）。太王之世已到周国的兴盛时期，所以他可称王；公亶父之世还在周国的开创时期，为了表示他是一个酋长，所以称他为

公。如果他就是太王，而太王的尊号是后人加上去的，那么他当时虽称公，而子孙赋诗咏叹，歌于宗庙，也该改称他为王了。何况此诗开头一句就是"緜緜瓜瓞"，足见作者是探本穷源讲述周人的祖先的，绝不会径从中间的太王讲起。孟子们所以说为太王，只为公亶父"至于岐下"，而太王则"居岐之阳"（《鲁颂·閟宫》），有这一点相像。可是住在一处的何必即为一人？而且公亶父由漆迁岐，太王由豳迁岐，其居岐虽同，而出发之点则不同，又分明是两个人。此意我已在"文王是纣臣吗"（《古史辨》第一册页一四七）一文中说过，但未详阐，得暇当另作专文论之。

⑥邠谷，在今陕西栒邑县，《诗经》作豳，《孟子》作邠。

⑦《诗·大雅·公刘篇》"芮鞫之即"，毛《传》释芮为水厓；郑《笺》释芮为水内，鞫为水外；朱熹《集传》云："芮，水名，出吴山西北，东入泾。《周礼·职方》作汭。"朱氏之说大约由《汉书·地理志》来，《志》于右扶风汧县下云："芮水出西北，东入泾，《诗》'芮阮'，雍州川也"，颜师古注："芮鞫之即，《韩诗》作'芮阮'。"按此说较有据，故今从之。汭水在今甘肃东部崇信、华亭两县境内。

⑧本段根据《诗·大雅·公刘篇》。

⑨本段太王迁岐事根据《孟子》及《史记》，余说俱从徐中舒先生《殷周之际史迹之检讨》（《国立中央研究院历史语言研究所集刊》第七本第二分，民国二十五年出版）。狄人压迫太王由于武丁伐鬼方，泰伯、仲雍逃之荆蛮为的是开辟南土，这都是从前人没有说过的；但把许多史料排比来看，加上因果的推测，便觉得其事甚确。太王志欲翦商，是《鲁颂·閟宫》里明说的，但他正在避狄之余，救死不遑，商、周势力之大小又相悬绝，何以会忽发此野心？徐先生以为周人初盛之时，绝不能和殷商做正面的冲突，他们一定先拣抵抗力最小而又与殷商无甚关系的地方下手侵略，以培养其国力。泰伯等经营江、汉流域应即是翦商的开端。徐先生又因《诗·大雅·崧高篇》记周宣王封申伯于谢（今河南南阳县）之事，而《诗》言"申伯信迈，王饯于郿"，知道那时从宗周到江汉流域是经过郿县的，郿县在岐山之南，有褒斜道通今陕西褒城和南郑（即汉中）等县而转至汉水，故知泰伯等逃之荆蛮即由此路。泰伯等当时应只到江、汉间，其后裔或因楚的压迫而迁到长江下游。

⑩《礼记·中庸》说："周公成文、武之德，追王太王、王季，上祀先公以天子之礼。"《史记·周本纪》也称太王为"古公"，王季为"公季"，表示他们当时只称公；又云："诗人道里迫，盖受命之年称王，……后七年而崩，谥为文王。……追尊古公为太王，公季为王季，盖王瑞自太王兴。"似乎太王、王季的称王均由武王、周公的追尊，其实这都是用了后世的眼光来看古事。古代较有势力的国君自称为王是很平常的事，王国维先生有"古诸侯称王说"（在《三代地理小记》中），以彝器铭文如《吕王鬲》等做证，说甚可信。郭沫若先生《两周金文辞大系考释》以为春秋时郑亦称王，故新郑所出铜器有"王子婴次之燎卢"，王子婴次即郑子婴齐也。按宣六年《左传》有王子伯廖，襄八年传有王子伯骈，皆郑大夫，可证郭说。《诗·大雅·皇矣篇》说王季"王此大邦"，其非追称可见。《史记》之说，正如其在夏、殷王者名号之上都加帝字（如启称帝启，太甲称帝太甲），到了周王，谥法之下已写明王字（如成王），再冠不上帝字了，便说"周武王为天子，其后世贬帝号，号为王"（《殷本纪》），是一样的弥缝曲解。

⑪本段根据《诗·大雅·皇矣篇》及《竹书纪年》。原本《纪年》已佚，本段所据见《后汉书·西羌传》及章怀太子《注》引文。商王杀季历事见《晋书·束皙传》引《纪年》，《吕氏春秋·首时篇》亦云："王季历困而死。"诸戎所在，注家皆不详，惟燕京之戎可知其在今山西省境内。按《淮南子·地形训》云"汾出燕京"，高诱注云"燕京，山名也，在太原"。《水经·汾水注》云："燕京山，亦管涔之异名也。"管涔山在今山西省西北部，就可知道燕京之戎是住在那边的。

⑫洽水在渭水的北面，源出陕西郃阳县西北，南流入黄河。

⑬黎，《史记·周本纪》作耆，《殷本纪》作饥，在今山西东南部的长子县，离纣都朝歌不甚远。周克诸戎已占有今之山西省西部，黎地约在商的西境，距周已近。

⑭虞国在今山西平陆县东北，当黄河东岸；芮国在今陕西朝邑县，当黄河西岸。古时称今山西、陕西间的黄河为"西河"。

⑮畎夷之名，用同音异字写出，亦为混夷、昆夷、串夷（见《诗经》及《孟子》）。依王国维先生的《鬼方昆夷猃狁考》说，畎夷亦即鬼方。

⑯密国，《史记》作密须，在今甘肃灵台县，地当岐山的北面。阮国，在今甘肃泾川县，当灵台县的北面。

⑰崇国，在今陕西鄠县东。

⑱邘国，在今河南沁阳县。

⑲本段根据《诗·大雅·大明》《緜》《皇矣》等篇，《易·泰卦》、《归妹卦》爻辞（说明见顾颉刚所作《周易卦爻辞中的故事》，《古史辨》第三册页十一），《尚书·西伯戡黎篇》，《左氏》襄三十一年传（纣囚文王），昭四年传（纣蒐于黎），昭十一年传（纣克东夷），《论语·泰伯》（三分天下有其二），及《史记·周本纪》。征人方（即夷方）的记载见甲骨文及金文甚多。纣蒐于黎而东夷叛，徐中舒先生《殷周之际史迹之检讨》文中疑系周人势力达到江、汉之东，故能嗾使东夷起来牵制商朝；及纣克东夷时，文王又戡黎，使商人疲于奔命，故《左传》谓"纣克东夷而陨其身"。此说亦甚有可能性，故采用之。《西清续鉴》甲编云"乾隆二十有六年，临江民耕地，得古镜十一"，乃吴王皮難之子名者减者所作之器，临江即今江西清江县。一说此指刘宋所置之临江郡而言，地当今安徽和县。按吴国自江、汉东徙，必先至江西，次及苏、皖。

⑳丰邑，在今陕西长安县南、鄠县的北面。

㉑毕，在今陕西咸阳县北。按《周本纪》"武王上祭于毕"一语，《索隐》云"毕星主兵，故师出而祭毕星"，是以毕为星名。然毕地离周都甚近，文王葬在那边，后来武王也葬在那边，殷大夫也迁在那边，在那边祭天出师甚有可能，故依《集解》引马融说，解作地名。

㉒孟津，在今河南孟县南。

㉓一乘是驾着四匹马的一辆车，每车容步卒七十二人。三百乘即二万一千六百人。但人数的异说甚多，待后详。

㉔虎贲，是勇士。

㉕《尚书·牧誓》云："我友邦冢君……及庸、蜀、羌、髳、微、卢、彭、濮人。"这八族所在的确实地点，现在还很考不清，只知道羌在周西，庸、卢、彭、濮在汉水流域，蜀即巴、蜀之蜀。即此可见自从泰伯南征之后，西南各族已多属周。

㉖汜水，在今河南汜水县，即虎牢关所在，亦名成皋。

㉗牧野，在朝歌南七十里，今河南淇县南。

㉘本段根据《诗·大雅·大明》、《诗·大雅·文王有声篇》、《尚书·牧誓篇》、《左氏》昭二十四年传引《太誓》、《孟子·尽心篇》、《荀子·儒效篇》、《淮南子·兵略训》、《史记·周本纪》。

㉙镐京，在今陕西长安县南，丰邑之东，沣和滈两条水都在长安县西，向北流入渭，见本篇注④。

㉚本段根据《诗·文王有声篇》《逸周书·克殷解》《论语·微子篇》《史记·周本纪》。

㉛据《逸周书·作雒解》《书序》《吕氏春秋·察微篇》。

㉜《尚书·康诰篇正义》引马融曰："康，圻内国名。"《史记·卫康叔世家索隐》云："康，畿内国名。宋忠曰：'康叔康产徙封卫，卫即殷墟。……畿内之康，不知所在。'"《路史·国名纪》戊，"康叔故城在颍川"，盖因《说文》六下"邟，颍川县"，故以为康即邟也。按《易晋·卦辞》云"康侯用锡马蕃庶"，称康叔为康侯。《康诰》云"肆汝小子封在兹东土"，明指徙封于卫之事，而篇题犹为"康诰"。《史记·卫康叔世家》云"康叔卒，子康伯代立"，父子均以康称，足见康是国名而非谥法。据此诸点看来，似他们封地虽迁，而国名未改，犹鲁迁于奄而仍称其国曰鲁也。卫之本字作𢆶（《吕氏春秋》中数见），𢆶读为衣，即殷也。疑康为其国之正名，而卫则沿袭其地之旧名。

㉝《诗·鲁颂·閟宫篇》曰："王曰'叔父，建尔元子，俾侯于鲁，大启尔宇，为周室辅。'乃命鲁公，俾侯于东，锡之山川，土田附庸。"此文先说侯于鲁，次说侯于东，可见其受封之次序。傅斯年先生《大东小东说》（《国立中央研究院历史语言研究所集刊》第二本第一分）谓鲁之原封在今河南鲁山县，及周公平奄，乃改封于曲阜。王国维先生《古史新证》亦谓鲁地有淹中，亦作弇中，淹与弇即奄也。

㉞傅斯年先生《大东小东说》谓燕之本字作匽，金文中皆然，其封地即今河南郾城县，后乃迁封于蓟丘。又谓齐之本国为吕，故太公曰吕望，其子曰吕伋。《水经注》云"宛西有吕城"，其地即今河南南阳县，后乃改封于营丘。燕、鲁、齐诸国之所以改封，即为周公东征之结果。此说甚是。按《史记》谓武王封箕子于朝鲜，其地望不详，或不能如今地之远，

所以改封燕于蓟者，当含有监视朝鲜殷民之用意。《书序》云"成王既践奄，将迁其君于蒲姑"，蒲姑为齐地（见《左氏》昭二十年传），《孟子·滕文公下》："周公……伐奄三年讨其君，驱飞廉于海隅而戮之。"可见商人在海隅尚有势力，故改封吕于营丘，亦含有监视海滨殷民之用意。其所以改封鲁于曲阜者，《閟宫》之诗曰："保有凫、绎，遂荒徐宅，至于海邦，淮夷蛮貊，及彼南夷，莫不率从，莫敢不诺。"《尚书·费誓》为鲁侯誓师之辞，篇首曰："徂兹淮夷、徐戎并兴。"徐与淮夷皆为殷之与国，移封伯禽即所以镇压之也。

㉟《左氏》定四年传记祝佗之言，谓成王分鲁公以殷民六族，分康叔以殷民七族。

㊱《吕氏春秋·古乐篇》云"成王立，殷民反，……周公遂以师逐之，至于江南"，是即驱之于化外也。又武王封箕子于朝鲜，或亦含有驱殷民于远方之意。

㊲《尚书·多士篇·序》云："成周既成，迁殷顽民。"《左氏》桓二年传云："武王克商，迁九鼎于雒邑，义士犹或非之。"同是一种人，商人谓之义士，周人即谓之顽民矣。按《多士篇》云"周公初于新邑洛用告商王士"，《多方篇》云"惟尔殷侯尹民，……越惟有胥伯小大多正"，足见所迁者皆颇有地位之人，犹秦始皇之徙天下豪富于咸阳及诸田于关中也。又《逸周书·作雒解》云"俘殷献民，迁于九毕"，孔晁《注》"献民，士大夫也"，则迁其人于咸阳之北，更在周室之肘腋下矣。

㊳宋国，在今河南归德县，其地即契或昭明所都之商丘，为商人之最先根据地。微子面缚、舆榇降武王，见《左氏》僖六年传。

㊴本段根据《诗·豳风·东山》《破斧篇》《书·金縢篇》《左氏》定四年传、《孟子·滕公下篇》《史记·周本纪》。余见注㉛—㊳所举。

周室的封建及其属邦

我们中国人为什么常把一个国叫作"国家"？现今时候，国是国，家是家，一个是公有的，一个是私有的，两种组织分得极清，为什么古人却把它们混合了？我们要说明这个问题，须知人类最早的结合形式是家族，由家族扩大开来就成为部落。在部落时代，彼此都自给自足，虽说鸡鸣狗吠之声可以遥遥听到，然而这一部落和那一部落不发生什么政治经济的关系，并没有互相来往的必要。日子久了，有些部落因为通婚，有些部落因为攻打，渐渐发生了些联络。等到某一部落里出了一位雄主，他用武力吞并了邻近的部落，又用政治力量支配了别的部落，于是就有规模阔大的部落出现。由大部落再发展开来，就成立了王国。虞、夏、商、周的起来，大概都曾经过这样的程序。这些王国的出现，并不基于人民的公意，而只是一家一姓的英勇成绩。因为这样，所以一国就是他们一家的大量扩张，土地和人民都只是他的私有财产。他高兴把自己所有的土地和人民分给他的子弟和姻戚们时，这些土地和人民又成了他的子弟和姻戚们的私产了。他的子弟和姻戚们承受了他的赏赐，再分给自己的手下人时，这些土地和人民又成了他们的手下人的私产了。那时候只有私产的观念，无所谓公有。其实，我们倘若查考这个"公"字的来源，也何尝是现在所谓公共的公，乃是王公的公啊！在这种情形之下，大国便是最大的家，小国便是次大的家，卿大夫便是再次一等的家；家国一体，家指人众，国指疆土，只是一事的两面，所以家可以叫作国，国也可以叫作家，又不妨拼合起来而叫作国家。

国王把自己的土地和人民分给他的子弟和姻戚叫作"封建"。封是分划土地；建是建立国家。这个制度从什么时候起，我们没有材料，不能凭空说话。从商朝遗下的甲骨文看来，至少在武丁之世已有了许多封国的事实。他把有功的武将封出去，封在什么地方叫作侯什么，像封在雀的叫侯雀；又把自己的儿子封出去，封在什么地方叫作子什么，像封在郑的叫作子郑，封在宋的叫子宋。再有一个特别现象，就是分封他的夫人。大家知道武丁是一位贤王，却不曾知道他是一位多妻大家。现今在甲骨文里所发现的他的夫人已有五十八位之多，当然还不止这些。那得宠的夫人一定住在宫里陪伴他，至于失宠的呢，他就把她们分封到别的地方去，封在什么地方叫作妇什么，像封在庞的叫妇庞，封在邢的叫妇邢。武丁有时叫这些女国君去祭祀，有时又叫她们去征伐，她们领着命令往来出入于朝野之间，好像是亲信的使臣似的。还有许多邻近的国家，屈服于商朝的威德，承认了商朝的宗主权，武丁也就依着他们原有的国名，给他们一个侯或伯的封号，例如井方受封为井伯，虎方受封为虎侯，犬方受封为犬侯，周国受封为周侯。侯、伯，是他所颁给的爵位。妇、子，是他的家庭关系，也就当作了爵位。除此以外，还有一个"男"字，看来性质和侯相同，但地位比侯次了一等。例如武丁时的侯雀，到了武乙、文丁的时候忽然改称为雀男，足见这个雀国之君的地位变动了。这些封建之国对于商王的义务大约有五种：第一项是边防，有来侵犯的便向商朝报告；第二项是征伐，遵从商王的命令去挞伐那些反叛的国家；第三项是进贡，把自己国里的出产像龟、骨、牛、马、象、陶器、笄具等物送到商朝去；第四项是纳税，把稻、黍、麦等农业品提出几成送到商朝去；还有一项是服役，例如商的畿内要人种田时，就可向各国征集民夫。这样看来，在商的后期已经有了很完备的封建制度了[①]。

我们现在且来讨论一下这些国君的名义。为什么大多数的封建之君都称作"侯"？原来侯是"射侯"的意思，"射侯"便是射箭的靶子，在皮上或布上画了熊、虎、豹、麋、鹿诸形，树立在远处作为目标，比较胜负的。射箭是当时贵族最要紧的本领，在打仗时是武力，在宴会时是游艺[②]。王在许多武臣里边选出几个最会射箭的命他们为侯，叫他们建国于王畿之外，替王守着四边的疆土，这是最重大的职务。因为侯在畿外，所以他称作"边侯"[③]。在侯的疆域里面有时也封建了一些小国君，命他们做侯的附庸，这职位是"男"，也称为"侯甸男"。侯甸就是侯国的疆域[④]。"伯"呢，一家中的兄弟们，用伯仲叔季作排行，伯是最长的一个，因为那时家国不分，一家之长，即是一国之长，所以就用了家中的名称来称呼他。侯一定建国在王畿之外，因为畿内自有王师，用不着他们来守护；至于伯，无论是诸侯或是王朝的卿士，在畿内或在畿外，都可以使用这个称号，不受什么限制⑤。"子"这一名，可以称王的儿子，也可以称侯的儿子，倘使一个诸侯有两个儿子，他把侯位传给一子之后，还划出国内一部分地方传给另一个儿子，等于男附属于侯，那么这另一个儿子就不称侯而称子了。还有蛮夷酋长，他并不为王守土，他的国家也不经王的封建，然而不能不用一个国君的名称来称呼他，也只得姑且称他为子⑥。所以伯和子的初义都是家族中的亲属关系而不是爵位，因为使用日久，忘记了原来的意义，就仿佛是爵位了⑦。

从上看来，侯和男是一个系统，都是封国的专号。伯和子又是一个系统，乃是家族的通名。男之对侯有主属的关系，子之对伯有长庶的分别。在这四个称呼之外，还有几个名词该注意的。其一是"公"，这是王以下国君的通名，即是"君"字的音转，所以侯伯子男都可称公，正和"诸侯"的意义一样⑧。其一是"采卫"，凡是旧有小国，和王室本来不发生什么联系，而疆土包围在某一个侯国之内，他们该供职于王侯，这叫作采；他们应当屏藩侯国，这叫作卫。采卫的地位也正和男国相等，都是侯国的附庸⑨。还有一个是"侯伯"，也叫作"孟侯"，伯和孟都是首长之称，所以这是侯中的领袖的意思。这本是天子在诸侯里挑选一个给他任命，后来竟渐渐变成了不受天子命令而占有强大势力的霸主了⑩。

且说周武王克商之后，想把自己的势力发展到东方，就采取了商朝的成法，封他的亲弟叔鲜于管、叔度于蔡，管地扼着黄河的中流，蔡地占据淮水的上游，叫他们监视东方诸国；不过这两个地方虽说已在周东千里，究竟还东不了多少⑪。自从周公旦二次克商，周室的地盘总开拓到黄河下游和济水流域的全部，他就放开手去封建许多兄弟和姻亲做诸侯，因为多的是土地，也就不管这班贵族射箭本领怎样了；后来成王又继续封建。那时姬姓之国分配在黄河流域的，在今陕西境内有韩、贾、芮⑫，河南境内有焦、毛、滑、东虢、祭、原、邢、雍、凡、胙、卫⑬，山西境内有耿、郇、卫、虞⑭，河北境内有燕、邢等国⑮，其中以魏和燕为大；分配在汾水流域的有荀、杨、霍、晋等国，其中以晋为大⑯；分配在济水流域的有曹、郕、茅、极、滕、鲁、郕等国⑰，其中以鲁为大；分配在淮水流域的有应、沈、息、蒋等国⑱，其中似乎没有什么大国；分配在汉水流域的有唐、随、聃、巴等国⑲，其中以随为大；此外还有封在渭水流域周国原有的疆土之内的西虢、鄣、毕等国⑳。周王室的姻亲，太王的夫人是太姜，王季的夫人是太任，文王的夫人是太姒，武王的夫人是邑姜，武王的长女太姬嫁给周的陶正虞阏父的儿子满。虞的姓是妫，所以周有天下之后，所封的异姓之国，在淮水流域的有姜姓的申、吕、许、向，有姒姓的杞，有妫姓的陈㉑；在济水流域的有姜姓的齐、纪、州、鄣，有姒姓的鄫，有任姓的薛，有妫姓的遂㉒；在汉水流域的有姜姓的厉㉓。真个是星罗棋布，节节驻防。这些国君的名义也同商朝一样，不是侯和男，便是伯和子，所差的只是没有女国君而已。那时新封的国家究有多少，可惜他们不曾传给我们一张单子，一幅地图，我们无法完全知道。我们只能照着古书偶然记下来的说，太王的子孙受封的有二国，王季的儿子受封的有二国，文王的儿子受封的有十六国，武王的儿子受封的有四国，周公的儿子受封的有六国㉔。有人说，周公封建七十一国，其中姬姓之国独占了五十三㉕，这话也许是可信的。又有人说，周朝封的新国一共四百多，压服的旧国一共八百多㉖，这话怕是夸张了。总之，在这时候，周朝的疆域西到今甘肃的东头，东到今山东半岛，南到江、汉，北到辽、滦㉗，地方着实不小。他们把这一大块土地重新整理了一次，除留下一千多里见方的疆土作为王畿之外，一方面建立新的屏藩，一方面羁縻旧的部族，他们算是一统天下了。

　　这些受封的诸侯，在王朝都有一定的班次，不许僭越。他们每隔五年该朝见周王一次，逢到周王祭祀上帝的时候也该去助祭，借着这类的机会便把班次排列起来，教他们认识了自己和王朝的关系，也认识了国与国间的辈分的长幼，爵位的高低，希望他们遵守这个秩序，好使天下太平无事㉘。诸侯对于周王都有进贡的义务，进贡的多少照着这个班次而定，班次高的贡的就重；这也不是十分固定的标准，封国在王畿之内的诸侯班次虽低，也该多贡。除了贡物之外，还有军役和力役也应当服劳，这都叫作"王职"㉙。诸侯平时应当每年一小聘，三年一大聘，但异族的国君住得远的也容许他们一代来朝贡一次㉚。诸侯不经王的承认，照例不能算作正式的国君，所以新立的国君必须得着周王的册命，表示他和周王发生了君臣的关系㉛。诸侯国内的行政机关大略和王朝相同，不过规模的大小有些差别。诸侯在自己国内可以自由行使他的统治权，不受周王的干涉；但大国之卿也有由周王派去的，这大国之卿的地位就等于小国之君㉜。诸侯有了大过失，周王可以黜革他的爵位，或派兵去征讨㉝。那时四边的异族称王的不少，就是所封的诸侯有的也称王自娱，诸侯为表现他们对于周王的尊敬，尊称周王为"天王"，表示他的崇高的威严是没有匹敌的㉞。

所谓封建，不是划出一块土地给与这位国君就算完事，还要分给他多少人民来替他奔走服役。周人当克商之后，多的是这班亡国之民，所以就把条氏、萧氏、索氏、长勺氏、尾勺氏这六族殷民分给鲁侯伯禽，又把陶氏、施氏、繁氏、锜氏、樊氏、饥氏、终葵氏这七族殷民分给卫侯叔封。那封在晋国的叔虞，那里尽多戎狄之民，就把怀姓九宗的人们给他支使㉟。像这一类的事情，当时也不知有多少，现在一样无法细说，因为他们这样做，所以那所封之国，统治者是一族，被统治者又是一族。种族既不同，风俗自然各别。试举一例：社是地神，各家都得崇奉，正像后世的城隍庙和土地堂似的，遍布于各地。但在鲁国境内却有两种社，公室的社叫作周社，人民的社叫作亳社。亳是汤的都城，所以亳社就是商社㊱。鲁的公室是周王的一族，他们祭的社是周式的；鲁的人民乃是商的遗民，他们祭的社是商式的。邾、莒都是东方原有的国家，鲁国伐莒，把捉到的俘虏献给亳社，后来和邾国交战，又把邾君益捉来献给亳社㊲，可见鲁的执政者对于当地部族是一切沿用当地的礼法和神权的。因为鲁君虽取得了那地的统治权，却不曾改变他们原来的风俗习惯，靠了这种放任政策，居然主客相安，从来没有引起种族的斗争。

有些从商代遗留下来的国家，像楚、徐等等，对于周朝并不心悦诚服，常在等待着机会起乱子。他们在国内也自称为王，只是屈于周人的威力，对于周王负有进贡的义务。楚国的出产有一种菁茅，祭神的时候注酒在茅上，会得渐渐儿渗下去，像真给神灵喝干的一般，周朝祭祀时都用它，就定作楚国的贡品㊳。成王时，召集诸侯到岐山之南结盟，竖立了高大的木表，安放了神灵的祭筵，许多王弟母舅簇簇地照着班次站在台上，好不威风；楚国虽说力量不弱，究竟周人看他们是荆蛮，所以但叫这位楚君看守庭燎，不让参加歃血之盟㊴。楚人记着这一类被轻蔑的仇恨，开始不客气地把汉水流域的许多姬姓国家吞并了㊵。周昭王南下亲征，固然南夷、东夷来朝见的有二十六国之多，终究他死在汉水之上，没有回朝，楚国也从此不贡菁茅了㊶。周穆王时，徐王又准备反周，但没有成事㊷。犬戎是西戎的一种，本来规定他们每传一代对周朝进贡一次，穆王为要他们常送东西进来，出兵征伐，结果只得着了他们的四头白狼和四头白鹿，自此以后他们再也不朝贡了。到了幽王之世，犬戎就和申侯等攻杀幽王，把周室的宝器统统掠走㊸。宗周残破之后，周王东迁洛邑，那地适当楚的北境，所以楚王的野心很大，常想取周而代之。商、周的最大国宝是九鼎，楚王竟开口向周朝问起鼎的大小和轻重来，大有把它迁走的意思㊹。倘使没有齐桓公和晋文公一班霸主出来提出"尊王攘夷"的口号，联合了中原的诸侯抵抗他们的侵略，周王的天下也早结束了。这是后话，按下不提。

那时姬、姜、任、姒、妫诸姓以外的国家，就现存的材料看来，大致还有十几个姓。商是子姓，遗国有宋、戴、谭等，都在济水流域㊺。太皞后是风姓，遗国有任、宿、须句、颛臾，都在鲁国附近㊻。姞姓之国有南燕，在卫国附近㊼。曼姓之国有邓，在吕国附近㊽。芈姓之国有楚、夔、越，曹姓之国有邾、莒，妘姓之国有鄅、邻、路、偪阳，这三姓都说是祝融氏之后，和夏代的大国昆吾，商代的大国豕韦出于一系；芈姓之国移到南方，没有碰着强大的势力，所以他们扩展地盘越来越大，而曹、妘二姓之国大都逼近齐、鲁，齐、鲁是周室封建的两个东方大国，所以他们自保不暇，只得降为采卫小国㊾。还有一个熊姓的罗国，在汉水之旁，疑即楚之分支㊿。嬴姓之国分布的地点最广，在淮水和济水之间的有奄，已给周公灭了，此外还有徐、葛、江、黄，在汉水流域的有谷，在黄河上游的有梁，在渭水上游的有秦，他们这一族从极东到极西都有㉑。偃姓之国最为集中，六、蓼、桐、舒、舒蓼、舒庸、舒鸠、英氏八个国家都在江、淮二水之间，即今安徽西部㉒。归姓之国只有一国胡国，在六和蓼的北面㉓。此外有几个戎狄之国也曾把他们的姓传了下来，如赤狄姓隗，在今山西，小戎姓允，在今陕西；鄟瞒姓漆，在今山东；鼓国姓祁，在今河北㉔。其他还有许多国是不知道他们姓什么的，还有许多姓是不知道属于哪些国的㉕。总之，除掉新封的姬、姜诸国和几个虞、夏、商的遗裔之国而外，是都被周人看作蛮夷的。提到什么事，总是从"内诸夏而外夷狄"的观念出发，把两方面分别看待㉖。其实，这些蛮夷如徐、楚、邾、莒，还是比周人先进于华夏的呢㉗。再进一步说，就是那时华夏的中心姬、姜二姓也何尝没有不曾华化的。例如晋献公伐的骊戎,娶的骊姬,就是姬姓之族而留滞在蛮夷的;晋人役使的姜戎,就是姜姓之族而留滞在蛮夷的㊳。更进一步说,岂仅有不曾追随了周、齐而进于华夏的姬、姜,就是周武王的儿子叔虞封在晋国,由他们看来应当是第一等的华夏了,然而晋国建立在深山之中,为戎狄之民所环绕,叔虞的后人竟有一部分受了他们的同化而变为戎狄的了,例如晋献公娶的犬戎狐姬,就是他自己的族人而戎化了的㊴。白狄姓姬,怕也是这个原因㊵。这样看来,所谓华夏和蛮夷原没有客观的标准,只是周人的一种政治作用的宣传,要自家人团结起来以共同抵御外侮而已。

注释:

①本段所列事实见胡福林先生《卜辞中所见之殷代农业》一文"农业管理"节及董作宾先生《五等爵在殷商》(《国立中央研究院历史语言研究所集刊》第六本第三分)。

②见《仪礼》中《乡射礼》及《大射仪篇》。古代的学校即是练习射箭的地方,如《静敦铭》云"王命静司射学宫"。

③《盂鼎铭》云:"惟殷边侯田(甸)雩殷正百辟。"

④周公子《明保彝》(亦称矢彝、令彝)铭云:"众诸侯,侯甸男,舍四方令。"以校《尚书》,知"侯甸男邦采卫"(《康诰》),"侯甸男卫邦伯"(《酒诰》),"庶邦侯甸男卫"(《顾命》),其侯字均当为重文而传写者误脱之。

⑤"在王甸之称伯者,如召伯虎,王之元老也;如毛伯,王之叔父也;芮伯,王之卿士也。在诸侯之称伯者,如曹伯、郕伯,此王之同姓也;如秦伯、杞伯,此王之异姓也。"(傅斯年先生《论所谓五等爵》语)

⑥诸侯封其庶子者,如西虢析出小虢,邾析出小邾,鲁析出费,宋析出萧,皆是;受封者可以称为叔,亦可称为子。吴、楚、徐等国,自称其君曰王,《春秋经》称之则皆曰子。

⑦本段及下段均根据傅斯年先生《论所谓五等爵》(《国立中央研究院历史语言研究所集刊》第二本第一分)。自孟子以来都以"公、侯、伯、子、男"为五等爵,近年金文研究发达,始知古诸侯称号无定,五等制并

不存在。傅先生此文，剖析此五个名词不出于一个系统，其论至确。又陈槃先生《春秋杞子用夷贬爵辨》（《左氏春秋义例辨》之一篇，亦见《禹贡半月刊》第七卷第一、二、三合期）中搜集春秋时诸侯之杂异称号最完备。

⑧傅先生《论所谓五等爵》文中谓"公、君、官"等名以一名之分化，此数名同属见纽，公为浅喉收音，君与官为舌头收音，而并为浅喉破裂发音。

⑨"采卫"一名见《书康诰》及《国语·郑语》。其单称"卫"者甚多，《书·酒诰》《顾命》具有之（见本篇注④），《国语·周语上》云"侯卫宾服"亦是。

⑩侯伯，如《左氏》僖二十八年传："王命尹氏……策命晋侯为侯伯。"孟侯，如《书·康诰》："王若曰：孟侯，朕其弟小子封。"霸，伯之同音字。

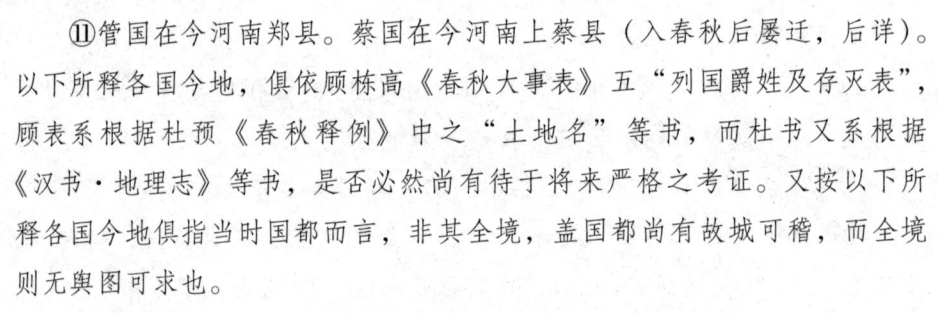

⑪管国在今河南郑县。蔡国在今河南上蔡县（入春秋后屡迁，后详）。以下所释各国今地，俱依顾栋高《春秋大事表》五"列国爵姓及存灭表"，顾表系根据杜预《春秋释例》中之"土地名"等书，而杜书又系根据《汉书·地理志》等书，是否必然尚有待于将来严格之考证。又按以下所释各国今地俱指当时国都而言，非其全境，盖国都尚有故城可稽，而全境则无舆图可求也。

⑫韩国在今陕西韩城县治南。贾国在今陕西蒲城县治西南，芮国在今陕西大荔县治南。

⑬焦国在今河南陕县治南。毛国在今河南宜阳县境。滑国在今河南偃师县治南。东虢在今河南汜水县境。祭国在今河南郑县治东北。（以上诸国在黄河南。）原国在今河南济源县治西北。邗国在今河南沁阳县治西北。雍国在今河南修武县治西。凡国在今河南辉县治西南。胙国在今河南延津县治北。卫国在今河南淇县治东北，入春秋后屡迁。（以上诸国在黄河北。）

⑭耿国在今山西河津县治南。郇国在今山西临晋县治东北。魏国在今山西芮城县治东北。虞国在今山西平陆县治东北。

⑮邢国在今河北邢台县治，入春秋后迁。燕国在今河北蓟县境。

⑯荀国在今山西绛县境。杨国在今山西洪洞县治东南。霍国在今山西霍县治西。晋国在今山西太原县治北，后南迁曲沃。

⑰曹国在今山东定陶县治。郜国在今山东武城县治东南。茅国在今山东金乡县治西北。极国在今山东鱼台县治西。滕国在今山东滕县治西南。鲁国在今山东曲阜县治。郕国在今山东汶上县治北。

⑱应国在今河南鲁山县治东。沈国在今河南汝南县治东南。息国在今河南息县治。蒋国在今河南固始县治西北。

⑲唐国在今湖北随县治西北。随国在今湖北随县治。聃国在今湖北荆门县东南。巴国相传在今四川巴县治。按《左氏》桓九年传记巴人告楚请与邓为好，邓南鄾鄾人攻而夺之币，邓在今河南邓县，鄾即在邓之南，又《左》哀十八年传云"巴人伐楚，围鄾"，亦可证巴必去鄾不远，疑四川之巴乃另一巴国。又按《左氏》桓九年传，邓有聃甥，疑聃亡地入于邓，聃与邓亦相去不远。

⑳西虢在今陕西宝鸡县治东。鄷国在今陕西鄠县治东。（以上在渭水南。）毕国在今陕西咸阳县治北（在渭水北）。

㉑申国在今河南南阳县治北。吕国在今河南南阳县治西。许国在今河南许昌县治东。向国在今安徽怀远县治东北。杞国在今河南杞县治，后屡迁。陈国在今河南淮阳县治。

㉒齐国在今山东临淄县治，纪国在今山东寿光县治东南。州国在今山东安丘县治东北。郭国在今山东东平县治东。鄫国在今山东峄县治东。薛国在今山东滋阳县治南。遂国在今山东宁阳县治北。

㉓厉国在今湖北随县治北。

㉔《史记·吴太伯世家》云："周武王克殷，求太伯、仲雍之后，得周章，周章已君吴，因而封之；乃封周章弟虞仲于周之北，故夏虚，是为虞仲，列于诸侯。"按虞即吴字，虞乃繁文。《左氏》僖五年传云："太伯、虞仲，太王之昭也。……虢仲、虢叔，王季之穆也。"《左氏》僖二十四年传云："管、蔡、郕、霍、鲁、卫、毛、聃、郜、雍、曹、滕、毕、原、酆、郇，文之昭也。邗、晋、应、韩，武之穆也。凡、蒋、邢、茅、胙、祭，周公之胤也。"按昔人谓封于鲁者为周公，故传文谓鲁为文之昭。实则《诗·鲁颂·閟宫篇》明云"王曰'叔父，建尔元子，俾侯于鲁'"，

封于鲁者实为周公之子伯禽。即《左氏》定四年传亦云："周公相王室以尹天下，……分鲁公以大路大旂，……命以伯禽而封于少皞之虚。"周公于周王畿内自有其封地，其后世亦继为周金。《史记·鲁世家集解》引谯周曰："以太王所居周地为其采邑，故为周公。"《索隐》曰："周公元子就封于鲁，次子留相王室，代为周公，其余食小国者六人，樊、蒋、邢、茅、胙、祭也。"其说均是。然则《左氏·僖公篇》文，文昭应易鲁为周，周公之胤，应增一鲁方合。又召公食采于召而封国于燕，其后召与燕均世守其祀，亦与周公后之周、鲁并立者同。又晋国始封之君唐叔虞为武王之子，《左传》中说得极多，而《晋公墓铭》文（见《攈古录金文》三之三）云"我皇祖䣥（唐）公□受大命，左右武王"，与旧说成王灭唐乃封唐叔者不同，亦可疑。

㉕《荀子·儒效篇》云："周公……兼制天下，立七十一国，姬姓独居五十三人焉，周之子孙苟不狂惑者莫不为天下之显诸侯。"按《左氏》昭二十八年传云："武王克商，光有天下，其兄弟之国者十有五人，姬姓之国者四十人，皆举亲也。"一云五十三，一云五十五，数目近似，可信。

㉖见《吕氏春秋·先识览》《观世》。

㉗《左氏》昭九年传记周景王之言曰："吾自夏以后稷、魏、骀、芮、岐、毕，吾西土也。及武王克商，蒲姑、商奄，吾东土也；巴、濮、楚、邓，吾南土也；肃慎、燕、亳，吾北土也。"此文说出周初疆域之四至。魏见本篇注⑭，芮见注⑫，毕见注⑳。骀即邰，今陕西武功县治西南。岐，即岐山。蒲姑为齐地。商奄为鲁地。巴见注⑲。邓即今河南邓县治。楚，旧说在今湖北秭归县。清宋翔凤《过庭录》以为"熊绎立国丹阳，在丹水之北"当即今河南西南部内乡县一带地，后乃迁于秭归。濮，旧说在今云南东部曲靖县一带，按《左氏》文十六年传云："麇人率百濮聚于选，将伐楚，于是申息之北门不启。"是濮人所在必离申息不远，当在今湖北北部。肃慎，杜《注》谓在玄菟北三千余里，玄菟郡在今辽宁省北部，杜说太远，当在今辽河流域。燕见注⑮，把这些地方综合起来，可知周之天下，东至山东，西至陕西，北至辽宁，南至河南。又据《公刘篇》"芮鞫之即"芮，如为汭水则在甘肃崇信、华亭两县境，又周孝王封非子于秦，秦在今甘肃清水县境，可见周境已达甘肃东部。如再将吴国算上，则周之

东南境已达今江苏南部。

㉘《国语·鲁语上》记曹刿言曰："先王制诸侯,使五年四王一相朝,终则讲于会以正班爵之义,帅长幼之序,训上下之则,制财用之节。……天子祀上帝,诸侯会之受命焉。"《左氏》桓十年传:"齐人饩诸侯,使鲁次之,鲁以周班后郑。"《国语·周语中》云"夫狄无列于王室",韦《注》:"列,位次也。"

㉙《左氏》昭十三年传记子产之言曰："昔天子班贡,轻重之列,列尊贡重,周之制也。卑而贡重者,甸服也。"《国语·周语上》记祭公谋父之言曰:"夫先王之制,邦内甸服,邦外侯服,侯卫宾服,夷蛮要服,戎狄荒服。甸服者祭,侯服者祀,宾服者享,要服者贡,荒服者王。日祭、月祀、时享、岁贡、终王。"《孝经》云:"四海之内各以其职来祭。"祭物即贡物也。军役,如《左氏》桓五年传,王以蔡、卫、陈、虢之师伐郑。力役,如《左氏》昭三十二年传记周敬王言云:"昔成王合诸侯城成周以为东都。"

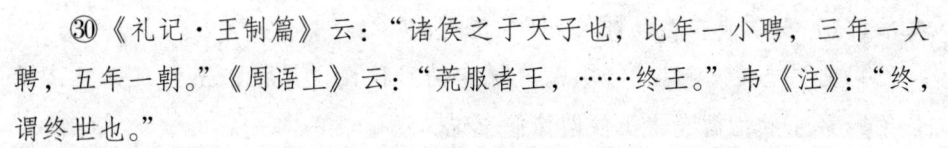

㉚《礼记·王制篇》云:"诸侯之于天子也,比年一小聘,三年一大聘,五年一朝。"《周语上》云:"荒服者王,……终王。"韦《注》:"终,谓终世也。"

㉛如《春秋》文元年经:"元年春王正月,公即位……夏,……天王使毛伯来锡公命。"

㉜齐之二卿国氏、高氏皆天子所命。《左氏》昭二十三年传云:"列国之卿当小国之君,固周制也。"

㉝《周语上》云:"序成而有不至则修刑,于是乎有刑不祭,伐不祀,征不享,让不贡,告不王;于是乎有刑罚之辟,有攻伐之兵,有征讨之备,有威让之令,有文告之辞。"

㉞《春秋经》称周王均曰"天王"。

㉟见《左氏》定四年传。

㊱《左氏》定六年传云:"阳虎又盟公及三桓于周社,盟国人于亳社。"解释见傅斯年先生《周东封与殷遗民》(《国立中央研究院历史语言研究所集刊》第四本第三分)。

㊲见《左氏》昭十年及哀七年传。

㊳见《左氏》僖四年传。

㊴见《国语·晋语八》记叔向语。

㊵汉阳姬姓诸国,见本篇注⑲。但因被楚吞并多在春秋前,记载缺乏,其名不著。又淮水流域姬姓诸国亦为楚灭,诸国所在见注⑱。

㊶《左氏》僖四年传记召陵之役,管仲代齐桓公与楚使言曰:"尔贡包茅不入,王祭不共(供),无以缩酒,寡人是征。里至南征而不复,寡人是问。"而楚使对曰:"昭王之不复,君其问诸水滨。"可见昭王没于南征,而其没地即在水滨。据《吕氏春秋·季夏纪·音初篇》云"周昭王亲将征荆,……还反涉汉,梁败,王及蔡公抎(陨)于汉中",则此水为汉水;而《史记·周本纪》云"昭王南巡狩,不返,卒于江上",则此水为江水。究竟是汉是江,未能详也。《宗周钟铭》云:"王肇遹省文、武堇疆土,南国𠬝子敢臽虐我土。王覃伐其至,艰役厥郡。𠬝子廼遣间来逆邵(昭)王,南夷、东夷具见廿又六邦。"此为记昭王南伐𠬝子之辞。徐中舒先生云:"𠬝、濮古同在帮并母,拟𠬝即《牧誓》之濮。"(《殷周之际史迹之检讨》)楚、濮接壤,疑伐𠬝即伐楚也。

㊷见《史记·赵世家》。然此说未必可信,说见钱穆先生《先秦诸子系年》第九十九篇《宋王偃即徐偃王说》。

㊸见《国语·周语上》及《史记·周本纪》。

㊹见《左氏》宣三年传。《国语·郑语》记史伯之言,亦谓惟荆实有昭德,若周衰其必兴矣。

㊺宋国在今河南商丘县治。戴国在今河南考城县治东南。谭国在今山东历城县治东南。

㊻任国在今山东济宁县治。宿国在今山东东平县治东。须句国在今山东东平县治。颛臾国在今山东费县治西北。

㊼南燕国在今河南延津县治东南。

㊽邓国在今河南邓县治。

㊾楚国当周初在今河南内乡县,说见本篇注㉗;后徙湖北秭归县治东南。夔国在今湖北秭归县治东。越国在今浙江绍兴县治。邾国在今山东邹县治。莒国在今山东胶县西南,后徙今莒县。邹当即鄹,国在今山东临沂县治北。郐即桧,国在今河南密县治东北。路,未详。偪阳国在今山东峄

县治南。昆吾在今河南许昌县境，又河北濮阳县治东亦有昆吾城。豕韦在今河南滑县治东南。其姓，昆吾为己，豕韦为彭。依《国语·郑语》，祝融之后分八姓，而《大戴礼记·帝系篇》及《史记·楚世家》则云六子。

㊿罗国在今湖北宜城县治西，后迁于湖北枝江县。

㊶奄国在今山东曲阜县治东。徐国在今安徽泗县治北。葛国在今河南宁陵县治北。江国在今河南正阳县治东南。黄国在今河南潢川县治西。谷国在今湖北谷城县治西北。梁国在今陕西韩城县治南。秦国在今甘肃清水县治，后屡迁。

㊷六国在今安徽六安县治。蓼国在今安徽霍丘县治西北。桐国在今安徽桐城县治。舒国在今安徽舒城县治。舒蓼、舒庸、舒鸠三国约略在今安徽舒城县与庐江县之间。英氏在今安徽六安县治西。

㊸胡国在今安徽阜阳县治西北。

㊹赤狄有潞氏、留吁、铎辰等部落，在今山西长治、壶关、屯留、长子诸县境；又有甲氏，在今河北鸡泽县境。小戎，旧说在今甘肃敦煌县，非，其国当在秦、晋之间，故能为秦、晋二国迁于伊川，说另详。鄋瞒，即长狄，在今山东禹城县一带。鼓国，白狄之一种，在今河北晋县治。

㊺只知其国名而不知其姓的，如郭、庸、鄎、绞、赖、项、道、柏、淮夷、不羹等等，只知有此姓而不知其属于那些国的，如酉、滕、箴、僖、儇、依等等（诸姓见《晋语》四）。

㊻"内诸夏而外夷狄"一语，《公羊》成十五年传，春秋家列为三科之一。当时实例，如："鲁侵杞田，晋侯使司马女叔侯往治，弗尽归也。晋悼夫人（杞女）愠，……叔侯曰，杞、夏余也，而即东夷，鲁，周公之后也，而睦于晋，以杞封鲁犹可，……何必瘠鲁以肥杞！"（《左》襄二十九年传）又如鲁侵邾、莒，邾、莒愬于晋，是时鲁昭公赴晋盟，晋侯不见公，使叔向来辞，子服景伯对曰："君信蛮夷之诉以绝兄弟之国，弃周公之后，亦惟君！"（《左》昭十三年传）又如鲁定公会齐侯于夹谷，齐人使莱人以兵劫鲁侯，孔丘以公退，曰："士兵之！两君合好而裔夷之俘以兵乱之，非齐君所以命诸侯也！裔不谋夏，夷不乱华！"（《左》定十五年传）

㊼东方文化所以能为中国文化之中心，实由其有丰厚之积累。商代文化程度之高，近以殷墟之发掘而得证明。当时鲁为奄国，齐有蒲姑氏，皆

商之与国，卫则商都，宋则商之旧都。其浸润于商代文化者至深且久，故易代之后仍占有文化界之领袖地位，孔、墨百家之出，事非偶然。徐、楚、邾、莒等国并为东方旧邦，其文化程度必不弱于齐、鲁、宋、卫。观《庄子·天下篇》言“其在于《诗》《书》《礼》《乐》者，邹（即邾）、鲁之缙绅先生多能明之”，以邾与鲁并举可知。其以鲁为华夏，邾为蛮夷，实为当时执有统治权之周室贵族之夸辞，事实上适得其反。

(58)晋献公伐骊戎娶骊姬，见《左》庄二十八年传，骊戎在今陕西临潼县治东，其地密迩宗周，又为姬姓，乃犹不免为戎。晋襄公兴姜戎败秦师于殽，见《左》僖三十三年传。姜戎本居瓜州，为壹人所逐，晋惠公招居晋之南鄙，为晋役使，见《左》襄十四年传。是年传又载戎子驹支之言曰：“我诸戎饮食衣服不与华同，贽币不通，言语不达。”迁后八十年而犹如此，可见其华化之迟。

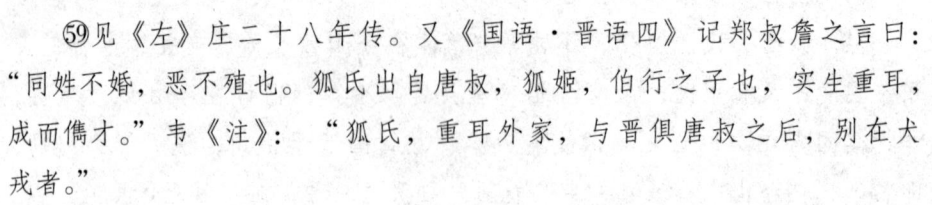

(59)见《左》庄二十八年传。又《国语·晋语四》记郑叔詹之言曰：“同姓不婚，恶不殖也。狐氏出自唐叔，狐姬，伯行之子也，实生重耳，成而儁才。”韦《注》：“狐氏，重耳外家，与晋俱唐叔之后，别在犬戎者。”

(60)白狄中有鲜虞，一名中山，在今河北定县一带。

西周的王朝

自从公亶父和公刘奠定了周国的基业，太王、王季和文王扩大了周国的地盘，武王和周公两度克商，连带灭了许多商的与国，降伏了许多独立国家，封建了许多兄弟和姻亲，呼唤灵通，如臂使指，造成一个统一的局面，周王权力之大便超过了商的全盛时代。成王、康王之世，天下安宁，人民休养生息，十分舒服，听说这四十余年里边竟没有一个人犯过罪的①。不过周家的全盛时代也只有这短短的一段，从此以后就在长期的衰弱里挨延下去了。

在昭王时，南方的楚和濮就不稳起来。昭王亲自带兵征伐，不幸浮桥坏了，沉死在汉水；也许楚人追击，全军覆没在那里②。穆王时，嫌犬戎贡少，西去征讨，捉到五个戎王，把戎人迁到太原③。后来徐戎又带领了九夷伐周，兵到河上，穆王用了怀柔政策，命徐君为东方诸侯之长，算缓和下去了④。相传穆王最喜欢游玩，他发了一个大愿，要在天下所有的道路上都印着他的车辆和马蹄的痕迹⑤。他觅到八匹骏马，命造父为御⑥，长驱北行，先到河伯之都，折向西行，登昆仑山，游了悬圃，见着西王母，在瑶池上互相唱和，一直游到太阳落进去的弇山才回来，共计走了三万五千里路⑦。《山海经》上的许多西边神秘地方，他竟一处处欣赏过。这一本记载他游历的专书，叫作《穆天子传》，又叫作《周王游行记》⑧。书中的话真不真是另一问题，想来穆王长征的事情总是有过的，他喜欢跑路的嗜好也是有的。以后传了几代，没有什么大事，我们仅知道懿王迁都到犬丘⑨。到夷王时，曾命虢公率领六师去伐太原之戎，直打到俞泉，获马千匹。这太原之戎就是穆王所迁的犬戎⑩。后来夷王患病，久不痊愈，诸侯都奔走名山大川替他祈祷⑪，可见诸侯对他的感情实在不错。

夷王之后是厉王，他却是一位很专制的君主，又骄傲，又暴虐，又用了喜欢专利的荣夷公做卿士。人民吃的痛苦深了，不免对他批评几句。给召穆公听得，他就谏王道："你这样干下去，人民受不住了！"厉王大怒，招了卫国的巫来，叫他们去侦察批评的人，抓到一个杀一个。人们怕死，不敢直说，彼此在路上遇见，只有皱一皱眉，瞪一瞪眼，来表示他们心头的愤恨。厉王得意，唤召公来，对他说："你看，他们胡说乱道是不是给我禁止了？现在他们真不敢开口了！"召公还是很忠实地劝告道："这种办法不过是把他们的嘴堵住而已。要堵住人民的嘴比堵住水还难。堵住了水，一天堤防冲决，伤人必然很多。堵住了嘴，哪会不发生同样的结果！这总不是长久的事体呵！"厉王仍不理会他的话。过了三年，人民再也忍耐不下去了，就自行集合打进王宫，厉王抵挡不住，逃避到汾水之旁的彘邑⑫。厉王的太子名静，躲在召公家里，人民听得，想借他出气，又把召公的家包围了起来。召公自己思忖道："从前我苦苦谏王，他只是不听，结果闹成这样。现在倘任人民在我家里杀死王太子，岂不成了我的报复！这万万使不得！"他就忍痛把自己的儿子假装了太子，送出去给人民泄恨⑬。那时天下无主，有一个共国之君名叫和的，他很有政治干才，诸侯推他出来代行天子的职权，所以历史上称这一个时期为"共和"⑭。共和十四年，厉王在彘邑死了，共伯做了真王。恰恰这年大旱，占卜的表示是厉王作祟，好在人民的气愤早已平了，召公就把太子静请了出来，来安慰厉王的魂灵，诸侯们知道这是真太子，大家没有异言，奉为天子；共伯退回自己的国里，逍遥自在去了⑮。

太子静即位，是为宣王。因其少年遭遇艰苦，所以即位之后很肯听信召公的说话，努力治理政事，一时颇有中兴气象。可是那时的外患又太多了，西北有戎，东南有夷，南面还有楚。召穆公是周文公以后的第一人，安内攘外，一切都有能力办到。那时有一个噩侯联合了南淮夷和东夷侵略东南各地，召公率领王师，把他打破⑯。乘胜进兵江、汉，画定了周的南界⑰。后人赞美他，说他平均每天辟地一百里地⑱。奏捷之后，宣王加封召公山川土田⑲；又封自己的大舅父申伯于谢，命召公替他圈定疆土，蓄积粮食，建筑城郭和寝庙，叫他镇压南方⑳。天下既已平静，召公就在成周召集了宗族诸侯，谋共同的团结，开会之际，他做了一首歌诗，大意是说："一切的人没有比自己弟兄还好的。逢什么患难发生，只有弟兄们总能够互相救护；朋友呢，他们只有在旁边空叹气罢了。固然弟兄们也有时不睦，在自家门墙里打起架来，可是一有外侮，就会同心抵御了；在这时，好朋友对你有什么帮助呢！"㉑他把周室封建的意义反复申说，希望许多宗族诸侯团结为一体，使得王室的地位更加巩固。召公对百姓也很有恩惠，所以他们就常常思念他，曾作诗道："那棵茂盛的甘棠树，大家不可剪不可砍呀，那是召伯曾在下面休息过的呀！岂但砍不得，也不可折断了呀！岂但折不得，也不可拉弯了呀！"㉒真是说不尽的爱护之情。可惜召穆公究竟年纪大了，帮不得宣王几年，他就去世了㉓。

厉王时戎人寇入犬丘，杀了秦仲的同族。宣王初年，命秦仲往讨，不幸失利，秦仲又给他们杀死。宣王召秦仲子庄公，给与兵七千人，打了一回大胜仗㉔。自从穆王把犬戎迁到太原，夷王时已经打过一次，到宣王时又动起来了，闹得人民妻离子散，毁了不少的室家。犬戎住在濩泽，有一年六月里打近周的京城，直进到泾水的北面。宣王赶速命南仲和尹吉甫发兵抵抗，作了一次大规模的战争，总得把他们赶回太原去㉕。哪知道楚国趁着周朝疲乏的机会，也出师北向，宣王命方叔带了三千辆战车去交锋，又把楚人打败，捉到许多俘虏而归㉖。徐国也跃跃欲试，宣王亲自征讨，徐人听到这个消息，大家震动起来，一战就平定了㉗。从以上许多战事看来，宣王的武功也可说十分煊赫。可是周人的力量已用竭而外族的势焰还是高涨。他曾派兵攻太原的犬戎，没有结果。联合了晋国去打条戎和奔戎，又大败了回来㉘。伐姜氏之戎，也是大败㉙。丧败之余，他就把太原的人民点数一道，抽选出壮丁来做后备军㉚。在他的末年虽得打破申戎㉛，但已挽回不了周王国的衰运了。

自从共和以后，中国方有正确的纪年史㉜。宣王在位四十六年去世，子幽王继位㉝。幽王可算是西周列王中命运最坏的一位。在他初年，命伯士伐六济之戎，大败，伯士也死了㉞。戎围犬丘，又把秦襄公的哥哥世父虏了回去㉟。二年，周的畿内发生大地震，高岸陷为深谷，深谷升为高陵，岐山也崩了，泾、渭、洛三川都干竭了㊱。接连又犯着空前的长期旱灾，地上不长五谷，天热得像火烧一样。没有一个神不曾去祭祷，牺牲不知道用了多多少少。许多人民，有的饿死了，有的逃亡到别处去了，留下来的很有限。他们对天呼号道："昊天的上帝呵，难道你真不肯让我们活下去了吗？我们对你这样的恭敬，难道你还恼怒我们吗？"㊲在这般时候，这一个王国快要解体了，偏偏幽王听信了卿士皇父，让他做出许多不满人意的事③，一方面幽王又宠爱褒姒，废去申后，把申后所生的太子宜臼也连带废掉，改立褒姒之子伯服为太子。宜臼逃到自己的外家去，激怒了外祖申侯，申侯就约集鄫国和犬戎连兵攻周，在骊山下面把幽王杀了，把褒姒虏了，进到京城把王室的宝物一起抢光了。不费什么大气力，就把宗周灭掉㊴。这是幽王十一年，从克商以来到这时约莫二百八十年光景㊵。一霎时结束了文、武、成、康的光荣。

镐京残破，不能再做都城，申侯就在自己国里立了太子宜臼为王，是为平王。诸侯对于平王的报仇杀父的举动也有不满意的，幽王还有一个儿子名叫余臣，被东虢的国君翰立为天子，因为他建都在携邑，称为携王。那时二王并立，南北相对，经过了二十一年㊶。以前宣王封过他的弟王子友于郑，为郑桓公，跟着幽王死在骊山，桓公的儿子武公，亏得东虢和郐国赠送了十个邑，迁国到洛邑东面的新郑，他下一个毒手，吞灭了赠地的虢和郐，这一下携王就失掉依靠。晋文侯又南来杀死携王，平王方得做了天下共主㊷。这时他迁到周文公所筑的东都洛邑，所以后人称他们为东周。汾、渭流域的王畿，他一概放弃了。平王四十九年是鲁隐公的元年，这一年是相传孔子所作的《春秋经》的第一年，从此入于春秋时代。在这时代中，周王虽依然高拱在诸侯的上面，但天下的重心已改换到霸主的名下了。

注释：

①见《史记·周本纪》。

②今本《竹书纪年》云："祭公辛伯从王伐楚，……丧六师于汉，王陟。"《吕氏春秋·音初篇》云："周昭王亲将征荆，……涉汉，梁败。"雷学淇《竹书纪年·义证》卷二十谓"周制，天子造舟为梁，吕氏所谓梁即船"，此说可信。惟造舟为梁乃是浮桥，今西北尚多有之，非天子特有之制也。

③见《后汉书·西羌传》，当出原本《纪年》。今本《纪年》文为："十二年，毛公班、共公利、逄公固帅师从王伐犬戎，取其五王以东；秋八月，迁戎于太原。"太原，王国维先生《鬼方昆夷猃狁考》，据《左》昭元年传"宣汾、洮，障大泽，以处太原"之文，谓太原地奄有汾、洮二

水,当即汉之河东郡;疑太原之名,古代盖兼包汉太原、西河、河东三郡地。

④见《后汉书·东夷列传》。今本《纪年》置于穆王十三年,云"徐戎侵洛"。

⑤见《左氏》昭十二年传。

⑥见《史记·秦本纪》及《赵世家》。八骏之名见《穆天子传》卷一,曰"赤骥、盗骊、白义、逾轮、山子、渠黄、华骝、绿耳"。《列子·周穆王篇》所记略同。

⑦见《穆天子传》及《列子·周穆王篇》。弇山,郭璞《注》云"弇兹山,日入所也",按《离骚》作"崦嵫"。《列子》则云"乃观日之所入",不著弇山。

⑧宋晁公武《郡斋读书志》云:"郭璞《注》本谓之《周王游行记》。"按《晋书·束皙传》此书本五篇。今本六卷,其末卷乃《汲冢杂书》十九篇之一,记穆王美人盛姬死事。此书当是战国时人依附《山海经》及穆王巡幸事而作,犹今《西游记演义》依附印度传说及玄奘故事而作也。

⑨懿王自镐京徙都犬丘,见《世本》及宋衷《注》(《史记集解》引)、《汉书·地理志》"右扶风槐里"条。犬丘在汉为槐里县,今为陕西兴平县。镐在渭南,犬丘在渭北。

⑩见《后汉书·西羌传》章怀《注》谓引《纪年》。俞泉,雷学淇云:"即榆次之涂水。《汉书·地理志》,太原榆次有涂水乡。"太原之戎即穆王所迁之犬戎,雷学淇说,见《竹书纪年·义证》卷二十三。

⑪见《左氏》昭二十六年传。

⑫彘今山西霍县。厉王既居汾水之旁,故或称之为"汾王",见《诗·大雅·韩奕篇》。

⑬以上均见《国语·周语上》。召穆公名虎,见《诗·大雅·江汉篇》。

⑭见《左氏》昭二十六年传、《史记·周本纪·索隐》引《汲冢纪年》、《史记·周本纪·正义》引《鲁连子》、《吕氏春秋·开春论》。惟《史记·周本纪》云"召公、周公二相行政,号曰'共和'",独树异说。

当时周公无事迹可见，史迁此说似出臆测。韦昭《国语注》对此说略加修改，谓"厉之乱，公卿相与和而修政事，号曰'共和'"。宋罗泌《路史》有《共和辨》一篇，申共伯和之说，见《发挥》卷二。共国，在今河南辉县。

⑮见《庄子·让王篇·释文》引司马彪《注》。《让王篇》"共伯得乎共首"一语，盖袭自《吕氏春秋·慎人篇》。共首，共山之首，在今河南辉县治北。

⑯见《周穆公鼎铭》（薛氏《钟鼎款识》）。丁山先生以《宰𤧚生敦铭》及《诗·江汉篇》校之，知是记召穆公南征事，见其所著《召穆公传》（《国立中央研究院历史语言研究所集刊》第二本第一分）。

⑰见《诗·大雅·江汉篇》。

⑱见《诗·大雅·召旻篇》。郑《笺》、朱《传》俱以诗中"召公"为召康公，然康公辟土不见记载，而穆公辟土其事明著，故录之于此。

⑲见《诗·大雅·江汉篇》。

⑳见《诗·大雅·崧高篇》。谢在今河南唐河县南。《诗·云汉疏》谓申伯先受封于申国，本近谢，后改邑于此。然观《史记·秦本纪》，申侯之先娶于郦山，申侯之女嫁于大骆（非子之父），而云"申、骆重婚，西戎皆服"，似申国本在周西，即今陕西西部，至宣王世以开辟南土，乃迁之于河南者。

㉑见《诗·小雅·常棣篇》。此诗作者有两说：一以为周文公作，如《国语·周语》中富辰语引；一以为召穆公作，如《左氏》僖二十四年传富辰语引。二书同记一事，且为一人之语，而其异若此，甚可怪诧。今以《左传》分章称引，较为着实，且就《常棣》文体所言，亦与《周颂》异而与《江汉》等篇类似，与其说为作于西周之初，无宁说为西周之季，故今从之说。

㉒见《诗·召南·甘棠篇》。《召南》向说为西周初年之诗，故注家皆以《甘棠》之召伯为召康公。然《召南》中明有"平王之孙"（《何彼秾矣》）之语，而召穆公又确为平南国之人，与《召南汝坟》《汉广》具有密切关系，故今不从旧说。说见傅斯年先生《周颂说》（《中央研究院历史语言研究所集刊》一本一分）及丁山先生《召穆公传》。

㉓丁山先生《召穆公传》云："宣王十二年狁之难不见穆公，可知穆公之卒当在宣王十年之前。又据长术测宰《宰珮生敦铭》为宣王五、六年间作，铭文详载召伯虎之命，知穆公之卒当在六年之后。"

㉔见《史记·秦本纪》。

㉕见《诗·小雅·采薇》《诗·小雅·出车》《诗·小雅·六月》诸篇。《采薇》《出车》二诗列于《小雅》首十篇中，故旧说谓是殷王命文王出师事；《六月篇》则见有"吉甫"之名，知是尹吉甫，乃定为宣王时诗。实则《六月篇》之"侵镐及方"即为《出车》篇"往城于方"之张本，明是一事。《诗》篇糅杂，绝不能据今本之先后以划分时代。例如《大雅·云汉》篇实与《大雅·召旻》篇所记系一时事（均述幽王时大旱情形），而中间却夹入《崧高》《江汉》等篇，说者因谓《云汉》是宣王时之旱灾，与此同为拘牵诬古。《汉书·古今人表》以方叔、召虎、南仲、仲山甫同列为宣王时人，甚是，故今合之。濩泽，在今山西阳城县西南。镐、方皆周京。方金文作莽京，唐兰先生《周莽京考》谓在今陕西郃县，文见北京大学潜社《史学论丛》。按，郃在丰、镐之北，《出车篇》称"朔方"，唐说自有可能。盖是时戎人内侵，由河至渭，由渭至泾，故得并侵镐、方而至于泾阳也。《诗》狁即犬戎，说见王国维先生《鬼方昆夷狁考》。今本《纪年》定吉甫伐狁事于宣王五年，但未必可信，下二事同。

㉖见《诗·小雅·采芑篇》。诗言"显允方叔，征伐狁，蛮荆来威"，知其事在狁战役之后。今本《纪年》定为宣王五年事。

㉗见《诗·大雅·常武篇》。今本《纪年》定为宣王六年事。

㉘俱见《后汉书·西羌传》，章怀《注》谓见《竹书纪年》。今本《纪年》定伐太原之戎于宣王三十三年，伐条戎、奔戎于三十八年，系据《西羌传》文推出，下三事同。

㉙见《国语·周语上》，是宣王三十九年事，《国语》有明文。

㉚见《国语·周语上》，云："宣王既丧南国之师，乃料民于太原。"韦《注》："丧，亡也，败于姜戎氏时所亡也。"今本《纪年》定为宣王四十年事。

㉛见《后汉书·西羌传》。今本《纪年》定为宣王四十一年事。

㉜《史记·十二诸侯年表》由共和元年起，以前但有《世表》。《竹

书纪年》起自夏代，在诸纪年史中为最早，惜旧本已不存，而今本乃出宋以后人缀辑窜乱，不甚可信。

㉝见《史记·周本纪》。

㉞见《后汉书·西羌传》，章怀《注》谓见《竹书纪年》。今本《纪年》定为幽王五年事，亦据《西羌传》文推出。

㉟见《史记·秦本纪》。

㊱见《诗·小雅·十月之交篇》《国语·周语上》。

㊲见《诗·大雅·云汉》及《诗·大雅·召旻》，参看本篇注㉕。

㊳见《诗·小雅·十月之交篇》。

㊴见《国语·郑语》《史记·周本纪》。"伯般"，本误写为"伯服"，今依《纪年》文改正，详本篇注㊶。骊山，在今陕西临潼县东南。犬戎由东来，故先至骊山而后毁镐京。

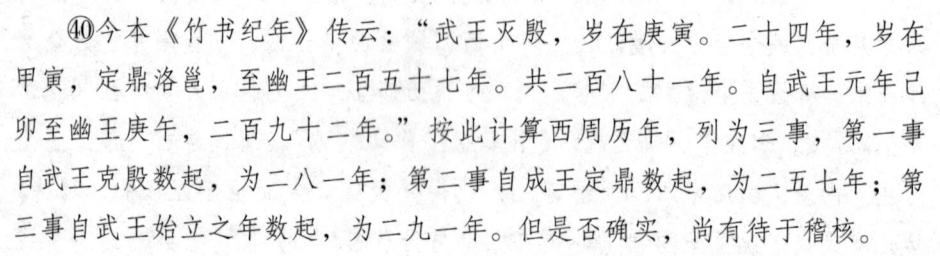

㊵今本《竹书纪年》传云："武王灭殷，岁在庚寅。二十四年，岁在甲寅，定鼎洛邑，至幽王二百五十七年。共二百八十一年。自武王元年己卯至幽王庚午，二百九十二年。"按此计算西周历年，列为三事，第一事自武王克殷数起，为二八一年；第二事自成王定鼎数起，为二五七年；第三事自武王始立之年数起，为二九一年。但是否确实，尚有待于稽核。

㊶《左氏》昭二十六年传云："携王奸命，诸侯替之而建王嗣，用迁郏鄏。"《疏》引《汲冢书纪年》云："平王奔西申，而立伯盘以为太子，与幽王俱死于戏。先是申侯、鲁侯及许文公立平王于申，以本太子，故称天王。幽王既死，而虢公翰又立王子余臣于携。周二王并立二十一年，携王为晋文公所杀，以本非适，故称携王。"按此系约举《纪年》之文，并加说明者。褒姒子，《史记》作"伯服"，观此文作"伯盘"，乃知服系般字之误，今改正。携，未详所在；窃意携王既为东虢所立，其都自当近于东虢也。

㊷见《国语·郑语》《史记·郑世家》及上引《纪年》文。郑国原封在今陕西华县治北。东虢在今河南广武县，接今郑县界。《左》隐元年传记郑武姜为叔段请制邑，庄公对曰："制岩邑也，虢叔死焉。"知东虢在春秋前已为郑灭。郐国在今河南密县东北，接今新郑县界，《诗》作桧。《左氏》僖三十三年传，"郑葬公子瑕于郐城下"，知亦于春秋前为郑灭。盖东周时之郑，即以东虢与郐两国之境为其疆土也。

渐渐衰亡的周王国

东周初年，王畿的东面是郑国，西面是西虢国，北面是晋国，南面是申、吕、许等姜姓国。平王也曾出兵戍守这几个姜姓国家①。可是那时楚的国势蓬勃得很，没过多少年申和吕已变作楚的县邑了②。晋国为了分封庶子，激起长期的内乱，顾不到外务③。因此，东周初年的王朝政权就受了郑和西虢的支配，这两国的君主，轮流做了周王的卿士。郑庄公又想独揽朝权，常常怀疑平王偏向虢公，平王忙给自己辩解；庄公嫌他口说无凭，要求两方面交换抵押，于是王子狐做了周的押品住到郑国去，公子忽做了郑的押品住到周朝来。平王死后，桓王想把政权交给虢公，那年四月，郑国就派兵到王畿的温邑抢割麦子，秋天又去夺取成周的谷子，简直是强盗行为，周和郑就成了冤家了④。过了十三年，桓王索性免去郑庄公的卿职；为了庄公不朝，又命虢、陈、蔡、卫诸国参加王师和郑国开战。不幸周不敌郑，王师大败，桓王的肩上也中了一箭。庄公还要假殷勤，夜里派人到周营去慰劳桓王们⑤，实际是给桓王一个侮辱。从此以后，周王的威信扫地了。

周惠王时，王室发生内乱。原因是惠王的祖父庄王宠爱王姚，王姚生子颓，也有宠，庄王命大夫芿国做子颓的师傅。到惠王即位，夺了芿国的庄园，芿国忍不住气忿，结合了不满意于惠王的人们作起乱来。惠王奔温，芿国就联络了苏、卫、燕等国拥立子颓为王⑥。郑厉公调停不下，捉住了燕国的君，请惠王住到自己的国里⑦。过了一年，郑厉公会同虢公，伐杀子颓；惠王酬谢他们，把虎牢以东的地方赐给郑，酒泉地方赐给虢。郑厉公请惠王吃饭，王赐给他一条嵌镜的带子；虢公也来请赏，王把饮酒的爵赐了他。想不到为着这些些小事，郑国又对周王不高兴了⑧。过了六年，齐桓公邀合诸侯同盟于幽邑，惠王看他饶有力量，就命他为侯伯，叫他出兵讨伐卫国拥立子颓的罪⑨。桓公奉了王命，大张旗鼓去伐卫，用惠王的口气责备了他们一顿⑩。这是齐桓公的霸业的一个基本因子，为了他尊王，所以他更有号召诸侯的力量。

　　总隔了三十年，周室又起一场大乱。原来郑人怨恨周王偏向虢国，虽西虢已被晋灭，还是旧恨难消，有一年周襄王派使臣到郑国去请求他们放松了滑国，竟被他们捉了起来。襄王发怒，借了狄兵伐郑，居然得着胜利。襄王感激狄人替他报仇，就娶了狄女隗氏为后，哪里想到自己的弟弟子带竟和狄后私通，襄王一气，把她废了。子带作乱，引了狄兵攻王，襄王出奔到郑的氾邑。子带一不做二不休，带了狄后同居于温，俨然自立为王。襄王派人把这事告给晋、秦诸国⑪。秦穆公带兵驻在河上，准备送襄王回国。晋国的大夫狐偃忙劝晋文公道："纳王是大义所在，拉拢诸侯的方法没有比这个更好的，你赶快去继续你的祖上文侯纳平王的功业罢！"于是文公辞去秦兵，亲驻在阳樊地方，令右军围住温邑，左军迎接襄王，襄王回到王城，把子带从温邑捉出杀了。文公前去朝王，襄王用了很隆重的礼节待他，又把阳樊、温、原、攒茅等处地方赐给他⑫。从此以后，周王便没有了黄河以北的疆土了。

　　又过了三年，晋、楚战于城濮，楚师大败。晋文公就在践土会诸侯结盟，襄王也亲到慰劳，册命文公为侯伯，赏赐了许多侯伯所用的东西。他们结盟的第一句话就是"共同帮助王室"。这年冬天，文公又会诸侯于温，召襄王前去。史官觉得他站在臣子的地位征召君王是不可为训的，所以在史书上写的是"天王狩于河阳"，算是为打猎而去，保留了周王的体面⑬。到这时，所谓周王国实已成为晋的保护国了。每逢晋国举行盟会和征伐，召集诸侯时，周王也算上一份，便派一个王朝的卿大夫去参加，做周的代表⑭。所谓"挟天子以令诸侯"就是这样的情形。后来甚至王朝的臣子不睦，周王无法处置，便叫他们到晋国去打官司⑮。晋国的大夫分了党派，王朝的臣子要托庇他们，也只得各有攀附，等到晋大夫甲胜乙败，甲就到王朝去声讨乙的党援，周王只得赶紧把自己的大夫杀死，向这位晋国的甲大夫谢罪⑯。所以从实际上说来，当晋霸之初，周王还做得晋侯的臣子，后来晋国愈强，周王只可做晋大夫的臣子了。不过从另一意义看来，周王仰了晋人的鼻息也自有他的方便之处。西周时外患太多，一一须由周王自己对付，对付不了就成了幽王的亡国。到了东周，北方的狄患，南方的楚患，自有晋国去抵挡，周虽处于诸异族之间，也可以高枕而眠了。

快到春秋末年，周王室内又起了一回内乱。景王太子寿早卒，其次有子朝、猛和丐，子朝最长，景王出去打猎，骤然死了，诸子争立。王朝的卿士单子、刘子借了晋兵立猛，但子朝也有相当实力，把猛攻杀，是为悼王；单、刘们又立丐，是为敬王⑰。那时两王对立，子朝居王城，称为西王，敬王居狄泉，称为东王⑱。只因敬王是晋人所立，有强固的后援，所以终把子朝赶走了。子朝领了许多周室旧臣又带了周的簿籍奔到楚国，派人对诸侯道："先王传下的命令，说是王后没有嫡子时就拣立年长的。现在太子早夭，单、刘们违背了这个命令，擅立年幼的为王。晋人不讲道理，又帮助了他们。他们这样的行为，诸位弟兄和甥舅们评判评判罢！"⑲隔了十年，单、刘们毕竟趁着吴王阖闾打进楚都的机会，派人到楚国去把子朝杀了⑳。

从春秋末年到战国初年，周王再不讲同姓弟兄和异姓甥舅这一套话了，只要哪一国有势力他就向哪一国送礼，用了虚文去讨好人家。越王勾践是灭掉太伯、仲雍的后人吴王夫差的，他在平吴之后，北渡淮水，与齐、晋诸侯会于徐州，忽然也学起中原诸国的老法子来，向周朝进贡，周元王就派人赐给勾践胙肉，命他做侯伯㉑，所以他的称霸也算是甚有根据的。韩、魏、赵三家是分掉唐叔虞的后人晋幽公的土地的，周威烈王看他们势力隆盛，就一一命做诸侯了㉒。田太公和是迁逐太公望的后人齐康公于海上的，魏文侯替他向周朝一请，周安王就自然地把他立为齐侯，在周室中排上了他的位子了㉓。秦史没有烧掉，传到汉朝，使我们清楚知道那时秦和周的关系。在周显王五年，显王曾贺秦献公，命献公为侯伯。九年，他又把祭祀文王、武王的胙肉送给秦孝公。二十五年，秦会诸侯于周，二十六年，他命秦孝公作侯伯，三十五年，他又把文、武的胙送给秦惠文君㉔。但是惠文君后来自己称王，不再需要他赠送什么侯伯的名义了。

战国之初，周考王封他的弟揭于河南，继续周公的官职，是为西周桓公。桓公的孙惠公又分封他的小儿子班于巩，是为东周惠公㉕。所以战国时所说的东西二周，就是从这王室里分封出来的两个国家，后来周王愈弄愈弱，传到了末一个王，叫作赧王，他穷得没有办法，搬到西周君那边去过日子㉖。到了这个时候，周王国已无疾而终了，以后的周事全是东西二周之君的事了㉗。这两位周君和列强也有些国际往来，西周武公竟为了秦伐韩，发生了唇齿之感，率锐师出伊阙，截断了秦到韩的路线，演一回螳臂挡车的悲壮剧。秦昭王怒了，派兵攻西周，一下子就逼得武公到秦叩头谢罪，把他的三十六个城邑和三万人口完全献上。昭王受了他的献，送他回去。西周土地既失，周民也向东逃亡。过了七年，秦庄襄王连东周君也灭了㉘。从平王元年到东周君灭亡，共五百二十二年㉙。再过了二十八年，秦王政灭掉六国，进称皇帝，天下的真正共主又出现了。

周王国靠了封建制，团结天下为一家，外族的势力不容易侵进来，延长她的寿命到八百多年，这不能不说是当初的政治计划的成功。但也因他们有了封建制，权力无法集中，疆土愈割愈小，终于在这不生不死的状态之下渐渐地消沉下去，到油干灯尽而后已，这也该是当初创业的武王、周公所没有料到的。然而话又说回来，倘使没有武王、周公的封建，为全中国的统一开了先路，又哪会有秦始皇的成功。从前人喜欢谈古帝王的道统，我们现在不谈道统而谈政统，那么，武王、周公走了统一的第一阶段，秦始皇就走上第二阶段。周王国的渐渐衰亡，这是他们一家一姓的事情；中国走上统一的道路，这是我们民族万亿年的事情。所以武王、周公的功业，可以说是永久存在。

注释：

① 见《诗·王风·扬之水篇》。《诗》中之"甫"即吕。平王戍诸国，与宣王封申伯同一用意，皆所以防楚，非酬其立己之功也，前人说《诗》多误会。

② 吕国在春秋前已为楚灭。申国之亡不详，但看《左氏》庄六年传记"楚文王伐申"，庄三十年传即有"申公斗班"之名，知其国已入楚为县，疑即亡于庄六年。

③ 晋文侯卒，子昭侯立，封文侯之弟成师于曲沃，时为周平王二十六年。其后曲沃日大，经六十余年之长期内争而并晋，时为周僖王四年。事见《左氏》隐至庄传及《史记·晋世家》。

④ 见《左氏》隐三年传。

⑤ 见《左氏》桓五年传。

⑥ 见《左氏》庄十九年传。

⑦见《左氏》庄二十年传。

⑧见《左氏》庄二十一年传。酒泉，不详所在。

⑨见《左氏》庄二十七年经、传。幽，不详所在。

⑩见《左氏》庄二十八年经、传。

⑪见《左氏》僖二十四年传。先是郑人入滑，滑人听命，师还，又即卫，郑又伐滑，王使游孙伯等如郑请滑，郑与周本有旧怨，增此新嫌，遂执周使。氾，在今河南襄城县治南。

⑫见《左氏》僖二十年传。阳樊，一名樊，在今河南沁阳县。温，在今河南温县。原，在今河南济源县东北。攒茅，在今河南修武县北。按《国语·晋语》四，襄王赐晋文公以"南阳、阳樊、温、原、州、陉、𨙻、组、攒茅之田"。韦《注》："八邑，周之南阳地。"水北曰阳，此皆今河南省内黄河北岸之地。

⑬见《左氏》僖二十八年传。践土，春秋时郑地，在今河南广武县境。

⑭盟会之例，如《春秋》僖二十九年经："夏六月，会王人、晋人、宋人、齐人、陈人、蔡人、秦人，盟于翟泉。"又如襄三年经："六月，公会单子、晋侯、宋公、卫侯、郑伯、莒子、邾子、齐世子光，己未，同盟于鸡泽。"征伐之例，如《左氏》文三年传："楚师围江，晋先仆伐楚以救江。冬，晋以江故告于周，王叔桓公、晋阳处父伐楚以救江。"又如成十七年传："夏五月，郑太子髡顽、侯獳为质于楚，楚公子成、公子寅戍郑，公会尹武公、单襄公及诸侯伐郑。"

⑮如《左氏》文十四年传："周公阅与王孙苏争政，……周公将与王孙苏讼于晋，王叛王孙苏而使尹氏与聃季讼周公于晋。赵宣子平王室而复之。"

⑯如《左氏》哀三年传："刘氏、范氏世为婚姻，苌弘事刘文公，故周与范氏。赵鞅以为讨。六月癸卯，周人杀苌弘。"

⑰见《左氏》昭二十二年传。

⑱见《左氏》昭二十三年传记苌弘语。狄泉在今河南洛阳县境内，值王城之东。

⑲见《左氏》昭二十六年传。

⑳见《左氏》定五年传。

㉑见《史记·越世家》。

㉒见《史记·周本纪》及《赵》、《韩》、《魏》各《世家》。

㉓见《史记·田敬仲完世家》。

㉔见《史记·周本纪》《史记·秦本纪》。

㉕见《史记·周本纪》及《史记·索隐》引《世本》。河南,今河南洛阳县。巩,今河南巩县。

㉖见《史记·周本纪·正义》及《史记·索隐》引皇甫谧语。《史记·索隐》谓"西周与东周分主政理,各居一都",盖揭班分周,正与三家分晋、三桓分鲁同,故周王遂至贫困不堪也。

㉗见《战国策·东周第一》《战国策·西周第二》及《史记·周本纪》。

㉘见《史记·周本纪》《史记·秦本纪》。伊阙,在今河南洛阳县治南龙门山,周之要塞。

㉙据《史记·十二诸侯年表》《史记·六国表》。《汉书·律历志下》谓周凡三十六王,八百七十六岁,盖连武王前言之。

齐桓公的霸业

在春秋初期的国际政治舞台上活动的,大体说来,有齐、鲁、郑、宋、卫、陈、蔡诸国,所以那时的历史也只是上述几国的历史。齐国在今山东北部,鲁国在今山东南部,郑国在今河南中部,宋国在今河南东部,卫国在今河南北部,陈和蔡都在今河南东南部,相去最远的也不过一千里,所以当时的历史圈可说是很小的①。

在这几国中,郑国是这时期的历史核心。郑的立国最迟,第一代就碰到西周的沦亡,到春秋时总传到第三代,所以很有新兴的气象。而且它的地位正当东周的门户,它的国君还兼做周王的卿士,手中操着王朝的权柄,更容易凌驾别国②。当平王东迁之初,诸侯中和王朝关系最深的本来还有申和晋,但申国因为逼近强大的楚,发展不开,渐渐衰弱下去,而晋国自从分封庶子于曲沃之后,内部战争不息,也无暇向外发展③,所以那时候的郑国就成为"挟天子以令诸侯"的唯一权威者了。郑庄公是一个枭雄人物,一翻脸便不认识人。他曾因兄弟不和,把生身的母亲关禁起来;又因和桓王不睦,派兵马去抢夺王畿的麦子和谷子,后来甚至射中了桓王的肩头④。他一切没有顾忌,靠了他的蛮干居然使得郑国盛极一时。他应用远交近攻的政策,把远处的齐、鲁拉拢得很紧⑤,而把近处的宋、卫攻打得很凶⑥。那时宋、卫也有相当实力,常常联合出兵,有时候也会把郑兵打败。但郑、齐、鲁的集团却更有力量,所以胜利就更多了。宋殇公碰到这样的局面,他在位十年竟打了十一次仗,弄得百姓们叫苦连天,结果殇公给他的大臣杀死。宋庄公继立,便低首下心,向郑国讲亲善⑦。郑庄公在这个时候,很有做霸主的资格,但他似乎没有考虑过这个问题。他只想趁王权衰落的机会赶快抢夺些利益,并不曾觉得当前这个时代正可以开创一个新局面,而他自己的地位也正可以做这个新局面的领导者。他死后诸子争立,常常内乱⑧,东方诸国的重心就移到了齐襄公的身上⑨。

齐国建都于营丘,地方富庶,国力充盈。它东边是莱夷,文化低落,绝对挡不住这一个有组织的大国,所以齐国要拓地到山东半岛的东头并不困难。不过齐的近东有一个纪国,也是姜姓,既居肘腋之间,自然更不肯轻易放过⑩。纪君娶的是鲁女,所以鲁和纪颇为关切⑪。有一年,郑国联合了鲁和纪,把齐、宋、卫诸国之师打得大败⑫,这一下就使齐、纪问题格外紧张起来。到齐襄公即位,想把鲁、纪两国分开,就一方面与鲁修好⑬,一方面对纪加紧压迫。纪国向鲁求救,鲁和齐又翻了脸,两国在奚地开战⑭。隔了一年,鲁桓公到齐国去和襄公相会,也许讨论这个问题,但桓公给齐国人在车上害死了⑮。这时纪国失掉了后援,襄公就勒令他们的邢、鄑、郚三邑的居民搬走,把这些地方收归己有⑯。跟着纪君的弟纪季为要保存自己产业,把酅邑带到齐国,算作它的附庸⑰。这般险恶的环境,纪君无法对付,又不愿向齐投降,只得将全国交给纪季,自己逃亡出去;纪季接受之后,双手献与齐侯,纪国便灭亡了⑱。襄公灭掉这一个同姓之国,也觉得有些说不过去,因此他们造出一件故事,说齐和纪本是世仇,在九世以前,纪君曾向周王说了齐哀公的坏话,周王听信,把哀公烹了,所以灭纪是为的报复祖宗的大仇⑲。

那时郑国诸公子争立之乱还没有完,大臣高渠弥弑了昭公,拥立公子亹为君。齐襄公带了兵马驻扎在首止地方,召郑君前来相会,子亹不敢不从,就和高渠弥同往,襄公杀了子亹,把高渠迩车裂了⑳。卫国也内乱,卫惠公逃到齐国。襄公又邀约了鲁、宋、陈、蔡诸国一同伐卫,把惠公送回国去㉑。齐襄公这样替各国维持秩序,并不专为自己的利益打算,着实有些霸主的作风;而且齐国在中原各国中最为强大,也已取得了领袖的资格。可惜他们忽然发生内乱,襄公被杀死了㉒。

襄公有两个弟弟,公子纠住在鲁国,管仲和召忽伴着;公子小白住在莒国,鲍叔牙伴着。襄公死后,鲁庄公便把子纠送回,不料小白走得更快,他先进齐国即了君位,那便是春秋时代的第一位霸主齐桓公。桓公即位后,立即发兵截住子纠,在干时地方和鲁开战,把鲁兵杀得大败。可是管仲的箭法高强,桓公猛不防被他射中了一箭,幸而中在带钩上,不然也就送了命了。那时齐兵乘胜打到鲁国,向鲁人要求道:"子纠是我君的亲兄弟,自己不忍下手,由你们杀死了罢!管仲和召忽是我君的仇人,一定要你们献出来,让我君亲自泄恨!"鲁人照了他们的话,召忽不愿受辱自杀了，管仲却俯首做了囚犯。齐军的主帅鲍叔牙本是管仲的好朋友，认识他的政治天才，走到半路就解除了他的桎梏。回到齐国，又在桓公面前竭力保举他。桓公听信鲍叔牙的话，也就不再计较被射中带钩的仇恨，重用管仲，一切依从他的计划[23]。从此齐国的内政、军政和财政都有了重大的改革，替桓公的霸业筑好了坚实的基础[24]。

桓公二年，他就起兵伐鲁，报复他们送回子纠的宿怨。不过那时鲁也不弱，在长勺地方把齐兵杀得大败而逃[25]。鲁国胜后，起兵侵宋[26]。齐国趁这机会，又联合了宋来攻鲁，两国的兵驻在郎地。鲁人把战马蒙上了虎皮，偷袭宋营，大队随后接应，宋师就抵挡不住了。宋师既败，齐师也就无精打采地回了国[27]。次年，宋国起来报复，发兵侵鲁。鲁庄公趁他们没有结阵的时候冲杀过去，又把他们打败[28]。宋国连败了两次，内部就发生变乱，闵公被杀，公子们争立又互相斫杀[29]。齐桓公四年，邀集宋、陈、蔡、邾四国在北杏地方结会，商定解决宋国纠纷的办法[30]。这一下，他就表现了齐襄公平定郑、卫之乱的风度。

襄公为了向东发展，灭掉纪国。到桓公时又向西发展，先灭了谭，继灭了遂[31]。鲁对齐虽连胜两次，究竟国力敌不过齐，邻近的遂国被齐灭了也很感到威胁，只得和齐国在柯地结盟[32]。传说在这一次盟坛上，曹刿提了匕首强迫齐桓公归还他所侵占的鲁地，桓公受了他的劫持只得答应[33]。鲁是宋的敌人，齐、鲁既和，宋就背叛了齐[34]。齐桓公征了陈、曹两国的兵伐宋，又向周室请派王师，周僖王命单伯领军前往，宋国在这严重压迫之下只得屈服了[35]。这是郑庄公以后第一次用王命来讨伐诸侯。就在这时，那位因内乱而逃出国都的郑厉公设法复位，他看清时势，就和齐国联结。齐桓公趁着宋、郑都来归附的机会，邀了单伯和宋、郑、卫三国之君在鄄地会盟。第二年，齐、宋、陈、卫、郑五国之君又在鄄地会了一次[36]。有人说，这一次的集会是齐桓公霸业的开头[37]。

不过那时诸侯的内部还没有完全和谐。当齐、宋、邾三国去伐郳国的时候，郑国就乘机侵宋，于是次年齐、宋、卫三国会师伐郑[38]。郑国降服之后，齐、宋、陈、卫、郑、许、滑、滕八个国又在幽地同盟[39]，这是桓公初年规模最大的盟会，从此东方诸侯可以说完全归集到齐国的旗帜之下了。

不过齐桓公的霸业还是无意中造成的。本来他只望继续襄公的功业，扩大地盘，支配东方诸国而已，也同郑庄公一样，没有想作开创的功夫。因此，有一个当前的机会他竟不曾抓住。原来春秋时代的霸主，实际上是应时势的需要而开创一个新局面，表面上还是要替东周的王朝撑着西周时代的门面。所以他们提出两个口号，一个是"尊王"，一个是"攘夷"。为了尊王所以该维持王朝固有的秩序，为了攘夷所以该帮同诸夏之国去抵抗异族的侵略，这是继续实现周公封建诸侯的意义，不过支配诸侯的权力却从周王的手里移到霸主的手里去了。齐桓公十一年，王朝起了一次大乱，大夫艻国们联结了卫和南燕等国拥立王子颓为王，周惠王逃到郑国[40]。这本是给霸主的一个好题目，但齐桓公仿佛不曾听见似的，一直没有过问，他既不去保护惠王，也不来责备燕、卫之君。郑厉公到了这个时候，他再也不肯等候齐桓公的领导了，就挺身而起，捉住南燕的君主，又邀约虢公护送惠王回国复位，杀了子颓和许多作乱的大夫，这场安定王室的大功竟让郑国独占了去[41]。要不是郑厉公不久便死了，仗着他的手腕很可能联合西方诸侯，奉了周王另外结成一个团体来和齐国对抗，这样一来，春秋中期的历史自然换了一副面目。幸而郑、虢两国为了争赏发生嫌隙，周和郑的感情也由此破裂，厉公又去世了[42]，所以齐国得以拉拢鲁国[43]，因势又服了郑国[44]，桓公十九年会合鲁、宋、陈、郑四国同盟于幽[45]，周惠王看齐桓公的号召力很强，派召伯廖来任命他为"侯伯"，叫他去讨伐卫国立子颓的罪。桓公奉了王命，大败卫兵，责数了卫君的罪状而归[46]。到这时，桓公的称霸总有了正式的根据，他统驭中原的工作也就有了正确的目标和计划。

齐桓公的事业固然是团结了东方诸国成为一个大集团，又承受了周王所命的侯伯的名义做诸国的领袖，代王室支配一切，使得西周时代的局面不致在春秋时代崩溃，但他的真正事业还不在此。原来楚国在周初本已不弱，休养生息快到四百年，蓄积更厚，周王封建在汉水北面的许多国家差不多都给他们并吞完了。所以周平王东迁之后，就在申、吕、许诸国布防，为的是挡住他们的北侵[47]。无奈周势已衰而楚势方盛，竟成了拗不过来的事实。楚武王之世，打败了随、鄢、郧、绞，又灭了权。子文王继位，灭了申、息、邓，又攻入蔡，捉走蔡侯，接着又伐黄和郑[48]。他们的势力早从江、汉流域到了淮水流域，现在又要到黄河流域了。他们武力的锐利和兼并的急速真像商末的周人一样，要没有人出来把这席卷世界的怒潮挡住，中国便给楚统一了。中国早些统一固然未始不好，但那时我国统一的国民性没有成熟，勉强统一不知要经过多少痛苦，而且楚国虽然是旧国，但他们处在南方，还没有很深地接受中原的文化，如果由他们来宰制中原，必然使得已经积累很高的文化受着一次大摧残，地方虽统一而文化反低落也不是一件好事情。因此，那时的中原人很怕他们冲过来。当齐桓公即位的前三年，楚文王已伐申了；即位的后一年，楚文王又把蔡哀侯虏回去了，又四年息国亡了，又二年邓国灭了。齐桓公结北杏之会，蔡国还来参加，从息国亡了以后蔡君再也不能来了。桓公抵抗楚国的心思，想来这时已经激动，不过估计自己的国力还是敌它不住，只好耐着。楚灭息后两年又伐郑，这简直是向齐桓公抢夺诸侯了。自从桓公九年以后，东方诸侯既团结为一体，楚国又有内乱，楚成王初即位也不想向北发展[49]，中原暂得安定，桓公也不忙于会盟。到他二十年，楚令尹子元又伐郑，可是只带了六百乘兵车，桓公听得这消息，就联合了鲁、宋、邾三国之师救郑。救兵没有开到，楚兵已打进了外城。郑人却故弄玄虚，索性连内城的闸门也不放下，兵士们学了楚人的腔调，嚷着踱出城来。楚兵碰见这种奇怪情形，一时摸不着头路，不敢冒险前进；正在踌躇的当儿，救兵已到，他们就连夜逃走了。郑国人本想逃到桐丘，间谍报告道："楚军的营幕上已栖着乌鸦了！"大家就定心回家。这一次，楚师无功而还，齐和楚也没有互相接触[50]。

那时蹂躏中原的异族，除了楚国之外还有戎和狄。戎人大概住在现今山东省的北部和河北省的东部，称作北戎，又称作山戎，常常东侵齐、鲁，南侵曹、郑，北侵北燕，他们的武力虽不很厉害，究竟也不胜其骚扰[51]。狄人大概住在现今山西、陕西两省的北部和河北省的西部，本是游牧部落，来去飘忽，剽悍异常，好像狂飙猛雨的袭人，叫人没法躲避[52]。这些戎、狄部族屡屡危害中原各国的安全，抵挡的责任当然也该由霸主齐桓公担负。桓公首先对付的是山戎，因为他们常和北燕捣乱，便起兵北伐，直打到孤竹国，得胜而归。燕君十分感激桓公，送他回国，依依不舍，竟走进了齐境。桓公道："诸侯相送是不出境的，我不该无礼！"就把他踏到的齐地割给了他。诸侯听得这事，对齐更生好感㊾。鲁庄公甚至替管仲的私邑小谷修筑城垣，向齐国表示亲善㊾。这时狄人又起兵攻打邢国，管仲对桓公说道："戎、狄的性情和豺狼一般，没法使他们满足的。诸夏之国都是我们亲近的人，是丢弃不得的。安乐就是毒药，不该留恋的。现在邢国已把他们的急难通知我们了，请你即刻救了他们罢！"桓公听了他的话，邢就救下来了㊾。不久狄人又起兵伐卫，在荧泽打败卫兵，杀了卫懿公，长驱攻入卫都，卫国被灭。宋国从河西救出卫的遗民，可怜得很，男女共只七百三十人，添上了共、滕两邑的居民刚凑满五千人，就在漕邑立了卫戴公。齐桓公派公子无亏带领三百乘兵车，三千名甲士替卫国守御，又送给卫君乘马、祭服、木材等用具，加上牛、羊、豕、鸡、狗等每种三百头，又送给卫夫人乘车和做衣服用的细锦三十疋，让他们好成立一个新国家㊾。隔了些时，狄人又攻邢了，齐桓公再邀宋、曹两国的兵救邢，邢国人蜂拥出城，投奔援军。援军替他们赶走了狄人，取出日用的器物，把他们的国都迁到夷仪地方，筑好了城墙才走开㊾。卫戴公不久去世，弟文公即位，齐桓公又替他们修筑了楚丘城，把他们迁到那边。后人形容这两国人民的高兴，说道："邢国人的迁徙好像回家似的，卫国人也忘记了灭亡了。"㊾

楚成王即位十年，想北向争取中原。齐桓公即位二十余年，也有对付楚国的力量了。桓公二十四年，为了谋伐楚，曾向诸侯请会㊾。恰巧联上四年，狄人大举侵略中原，为了救邢救卫，忙个不了，再没有余力顾到抵抗楚国。到二十七年，楚又伐郑。齐桓公就会鲁、宋、郑、曹、邾诸国于柽，商量救郑的办法㊿。此后接连两年，楚均伐郑㊿。那时有两个淮水流域的国家，一个是江，一个是黄。自从楚文王把申、息两国收作自己的北门之后，他们就挨近这北门了，为了切身的利害，这时都来服齐，齐桓公也接连两年会宋、江、黄三国，做伐楚的准备㊿。桓公三十年正月，他会集了鲁、宋、陈、卫、郑、许、曹诸国之师出发伐楚，因为蔡国已附属于楚，就先去侵蔡；蔡师奔溃之后，大军便推进到楚境。中原诸侯这样团结了向楚示威是楚成王所想不到的，他怕不容易抵挡，就派使者前来质问桓公道："你们住在北海，我们住在南海㊿，任何事情都没有关涉。这次你们到我们这边来，请问为的是什么原因？"管仲代桓公答道："从前召康公奉了周王的命令，向我们先君太公说道：'多少的侯国和伯国，你都可以专征！东边到海，西边到河，南边到穆陵，北边到无棣，你都去得！'你们不向周王进贡包茅，以致祭祀时没有缩酒的家伙，这是我们要向你们征求的。周昭王南征没有回朝，这是我们要向你们质问的。"楚使答道："贡物久未送进，这确是寡君的错处，哪敢不依尊命；至于昭王南征不归这一件事，还请你们到水边去询问罢！"齐桓公见楚国态度强硬，就进兵到陉。他带的军队太多，楚人从来没有碰见过这样的大敌，有些害怕了，成王又派大臣屈完到军前讲和，各国的军队为了表示礼貌也就退驻召陵。齐桓公陈列了浩浩荡荡的军队，招屈完同车，指点给他看，说道："带了这许多人马去打仗，谁能抵挡得？带了这许多人马去攻城，还有什么城打不破的？"屈完答道："你若用了德义来安抚诸侯，哪个敢不服；如果只用兵力来威胁我们，那么楚国把方城山当了城，把汉水当了池，城这么高，池这么深，你们的兵虽多也是没用的呵！"齐桓公觉得楚王肯来讲和，已算不战而屈，便许屈完和诸侯结盟，盟毕班师北归[65]。这一次虽然没有真打，但中原人敢向楚国示威已是一个大胜利了，所以鲁僖公回国之后，造了一所宗庙，他的臣子替他作了一篇祭诗，说道："周公的子孙，庄公的儿子，有一千辆兵车，三万个甲士，戎和狄都担挡得，楚和舒都惩罚得，有什么人敢来做我们的对手呢！"[66]

在班师的时候，诸侯内部曾闹了一点麻烦。那时有一个陈国的大夫辕涛涂在军中，为怕班师时破费了本国，就同郑国的大夫申侯商量，说："我们两国都当着冲道，大军经过，供给军粮和草鞋就是一笔很大的开销。如果走海边回去，向东夷示威一次，岂不是又少了花费，又增了光荣！"申侯点头赞成。辕涛涂就把这计划告诉齐桓公，桓公也答应了。不想申侯这人是挑拨是非的干才，他便进见桓公，说道："我们的军队已经疲乏得很了，如果打从东方还去，遇到敌人，抵挡不住，这又怎么办！现在经过陈、郑两国，让他们供给些军队的日用东西，那就方便多多。"桓公听他的话不错，知道辕涛涂专为本国打算，便赏了申侯，拘了辕涛涂，又派鲁、江、黄三国的兵伐陈，讨他们不忠于团体的罪名。气还没有出够，又联合了七国的兵侵陈。陈国赶快讨饶求和，辕涛涂总放了回去[67]。

攘夷的事业做了许多，不料周王室里又起了一场风波。原来周惠王为了溺爱，想废黜他的太子郑，改立小儿子叔带为太子。为了这问题，齐桓公又召集诸侯和太子郑在首止地方开会，讨论安定王室的办法[68]。惠王听得这事恼了，便派宰孔去召郑文公来，劝他道："我保护你去服从楚国，再叫晋国来帮助你，你可以不受齐国的压迫了！"郑文公得了王命，心中很高兴，就不和诸侯结盟，私下逃回。于是诸侯起兵伐郑，围住了新密。楚国助郑，把许国围住，诸侯的兵救了许就把郑放下了。隔了一年，桓公又伐郑，郑文公派太子华和诸侯在宁母地方结盟，郑又服了齐[69]。那年惠王去世，太子郑为怕叔带作乱，不敢发丧，先向齐国乞援。桓公又召集诸侯和太子的使者在洮地结盟，同奉太子即位，是为襄王[70]。第二年夏天，齐桓公又召集鲁、宋、卫、郑、许、曹等国之君在葵丘相会。周襄王派了宰孔到会，把祭祀文王、武王的胙肉赐给桓公。桓公将下堂行拜礼，宰孔忙挡住道："天子还有后命。天子命我致意道：'伯舅的年纪大了，加赐一级，不必下拜！'"桓公敬谨答道："天威不远，就在面前。小白怎敢贪受天子的恩命，废掉臣下的礼节！"他就下堂行了拜礼，再登堂领受王赐。这年秋天，桓公又和诸侯在葵丘结盟，宣示和好[71]。他又声明周天子的禁令道："不可壅塞泉水！不可囤积米谷！不可改换嫡子！不可升妾为妻！不可任妇女参与国事！"[72]这是历史上有名的葵丘之会，是齐桓公尊王的具体表现，也就是他的霸业的最高峰了。

晋和齐同是当时大国，只为路途遥远，向日不相往来。齐桓公的霸业这样轰轰烈烈，晋献公听得多了，这次葵丘之盟地点较西，觉得近便，也就前去参加。走到半路，恰恰遇见宰孔，这位宰孔四年前已替惠王拉拢过郑文公脱离齐桓公的团体，这回他虽代表襄王赐胙，在会场上着实客气了一回，究竟他的心中对于这位霸主终是不舒服的，借这机会便挡住晋献公道："你回去罢！齐侯不讲德行，专喜欢远征，他北面伐了山戎，南面伐了楚国，西面来结这个会，东面还不知道想到什么地方。至于西面呢，来了这一次大概不会再来的了，你还是只管你自己的事情罢！"献公依了他的话就回了国。这年九月，晋献公死了，国内大乱，连杀二君。齐桓公站在霸主的地位只得又向西面走一次，他带了诸侯的兵伐晋，直到高梁地方，又派隰朋带兵会合秦师，送公子夷吾回国即位，是为惠公[73]。这是东方国家和黄河上游的国家正式发生关系的开头。

齐桓公晚年，时局变化得太剧烈，他的年纪也太老了，显见得他的精神对付不过来。那位没有做成太子的王子叔带为了咽不下失败的气愤，不惜召集了一班住在扬拒、泉皋和伊、洛流域的戎人打进王城，焚毁了东门。那时秦、晋两国都起兵伐戎，齐桓公却只派管仲和隰朋前去替周、晋、戎三方面调停了事[74]。戎人得了这回胜利，无所顾忌，后来一再侵扰周室。齐桓公屡征诸侯之师到王朝守御[75]，始终没有作根本的解决。狄人又向卫国捣乱，桓公也只发了诸侯之师代卫国修筑城池[76]，东南方的淮夷也来压迫杞国和鄫国，桓公又命诸侯修筑缘陵城，把杞国迁了过去；替鄫国修城没有完工，工人多害了病，就中止了[77]。最难堪的是，楚成王在召陵之役的后一年就灭了弦，弦国的君主逃到黄国；过了七年，楚人又把黄国灭掉了。黄是齐的同盟国，桓公眼睁睁看着没有去救[78]。后来楚国因为徐国接近诸夏，起兵伐徐，桓公盟诸侯于牡丘救徐，为了厉国服属于楚，所以齐、曹之师又伐厉，想牵制楚的兵力，但结果楚人仍把徐国的兵在娄林打败了。楚的与国又有一个英氏，齐、徐联师往伐，算是报了娄林一役的仇恨[79]。这两次虽没有大功，然而兵力所到却更在召陵之南呢。

孔子生于齐桓公卒后九十二年，他佩服桓公和管仲极了，他说："管仲帮助了齐桓公，使他做成诸侯的盟主，一手救正天下。要是没有管仲，我们都得披散了头发，只把左臂穿在袖子里，做异族统治下的人民了！"又说："齐桓公是正而不诈的。"[80]这是很公正的批评。为了周平王的微弱，郑庄公的强暴，使得中原诸国化作一盘散沙，而楚人的势力这般强盛，戎、狄的驰骋又这等自由，夏、商、周以来积累了千余年的文化真动摇了。齐桓公处于如此艰危的时局，靠着自己的国力和一班好辅佐，创造出"霸"的新政治来，维持诸夏的组织和文化，使得各国人民在这均势小康的机构之下慢慢做内部的发育，扩充智慧，融合情感，整齐国纪，划一民志，所以霸政行了百余年，文化的进步真是快极了，战国时代灿烂的建设便是孕育在那时的。这真是中国历史上一个该注意的人物[81]！

桓公四十三年冬，他得病去世。那时管仲已死，主持无人，六公子争立，齐国大乱[82]。宋襄公结合了曹、卫、邾三国起兵伐齐，把齐兵打败，送公子昭回国即位，是为孝公。在宋伐齐的时候，鲁国起兵救齐，想不到狄人也来救齐。但郑国却因自己失掉靠山，便到楚王处去朝见。那时邢国竟会弃亲事仇,联合了狄兵伐卫,围住菟圃地方;卫文公无奈,想把国家让给父兄子弟和朝众,大家不答应,合力起兵,在訾娄地方抵抗狄人;狄人见他们态度强硬,也就退去了⑧。可怜桓公一死,中原诸国依然是一盘散沙。

宋襄公打败了齐,自以为国势强盛,大可继承桓公的盟主地位,就先向诸侯示威,拘了滕君婴齐,教不服的国家看个榜样。他又邀诸侯在曹南结盟,鄫君赴会较迟,就命邾人把他拘了,当作牺牲品去祭次睢地方的社神,想借此威服东夷。不久襄公又因曹国不服,起兵围住曹都。卫国也在这时起兵伐邢,报复他们勾结狄人的仇恨。陈国邀合了楚、鲁、郑、蔡诸国在齐结盟,重修桓公时的情谊⑭。过了些时,齐孝公又邀合了狄人在邢国结盟,替邢国计划抵抗卫国的侵略⑮。在这时期中,楚、狄、齐、鲁、郑、陈、蔡、邢诸国竟不约而同地威胁宋襄公。宋的党徒只有卫、邾等寥寥几国,势力太单薄了,可是他依然狂得很,不肯打消盟主的迷梦,又在鹿上地方召集齐、楚两国结盟,硬要楚国分些诸侯给他。楚人假意允许,暗地里却布置好了,等到楚、郑、陈、蔡、许、曹诸国在盂地结会,邀宋参加,宋襄公自矜信义,不带着兵车赴会,楚国就捉住了他来伐宋。鲁僖公代宋国向楚讨饶,在薄地会了诸侯结盟,总把他放了出来⑯。

宋襄公被楚国玩弄到这步田地,仍不觉悟,回国以后,为了郑文公朝见楚王,又召集了卫、许、滕诸国的兵伐郑,想征服郑国。楚人哪肯容他自由,就用了伐宋的方法来救郑。宋、楚快开战时,司马目夷竭力谏劝襄公道:"上天丢弃我们商王的子孙很长久了,现在您违背了天意,想要重兴祖业,只怕这是一件不可能的事吧?"襄公不听,就在泓水边上列阵。当楚兵正在渡河的时候,目夷又劝道:"他们兵多,我们兵少,实力上是敌不过的。不如趁他们渡河时掩杀过去,或者还有得胜的希望咧。"襄公仍不听。等到楚兵全数渡过泓水,还没有排列成队的时候,目夷又请进击,襄公终于不肯。待到楚兵排好了阵势,两国正式交锋,宋兵就支持不住,大败了下来,襄公的股上也受了重伤。宋国人都抱怨他,他道:"君子们打仗,不忍杀死已经受伤的人,也不忍擒捉头上生了白发的人,他们的心是这般的仁厚的。在险阻地方去扼住敌人,便违反了古人的行军之道。寡人虽是亡国的遗种,对于那些没有列阵的队伍却还不肯作突然的攻击!"⑧ 半年之后，襄公因伤重去世⑧，宋国的霸业就这样草草地结束了。

中原没有霸主，诸侯互相争战，异族急遽内侵，时势危险到了极点，周襄王也给狄人赶走了⑧。那时楚国的势力蒸蒸日上，大有收拾中原的可能。宋成公虽和楚成王有杀父之仇，情势所迫也只得到楚国去朝见⑩。鲁僖公原是被夸作惩罚楚国的英雄的，到这时也因齐师侵略了鲁的西鄙和北鄙，索性到楚乞师，用了楚师伐齐，夺取了齐的谷邑⑨。这天下可说是多半在楚人的手里了，齐桓公的霸业已全部倒坏了。在这间不容发的时候，黄河上游的唯一姬姓大国而且有大才干的君主晋文公就接踵齐桓公而起，担负了第二度尊王攘夷的责任。

注释：

①此就《春秋经》所记言。

②郑国为周宣王所封，历桓公、武公、庄公而入春秋。其国本在今陕西华县，西周亡后移至今河南新郑县。其西境当虎牢关，为周室与东方诸侯交通之孔道。武公、庄公为平王卿士，见《左氏》隐三年传。

③平王为申侯所立，见《竹书纪年》及《史记·周本纪》。"周之东迁，晋、郑焉依"，见《左氏》隐六年传。晋封成师于曲沃，见桓二年传追记。

④郑庄公寘姜氏于城颍，见《左氏》隐元年传。取温之麦与成周之禾，见隐三年传。射王中肩，见桓五年传。

⑤齐、郑盟于石门，见《春秋》隐三年经。鲁、齐、郑会于中丘，见隐十年经。鲁、郑会于时来，见隐十一年经。鲁、郑会于垂及盟于越，见桓元年经。鲁、齐、陈、郑会于稷，见桓二年经。

⑥郑人伐卫，见《春秋》隐二年经。陈、宋、蔡、卫伐郑，见隐四年经。邾、郑伐宋及宋伐郑，见隐五年经。鲁、齐、郑伐宋及宋、卫入郑，见隐十年经。

⑦见《左氏》桓二年经、传。

⑧郑庄公卒于鲁桓十一年，其后太子忽及子突、子亹、子仪四人迭为君主，郑乱，至鲁庄十四年厉公突归于郑而始定，凡历二十二年。

⑨齐襄公立于鲁桓十四年。

⑩莱夷在今山东黄县一带，即山东半岛之北部。纪国在今山东寿光县，在齐都临淄东不及百里。

⑪伯姬归纪，见《春秋》隐二年经，叔姬归纪，见隐七年经。鲁、纪会于成及纪侯来朝，见桓六年经。鲁、齐、纪盟于黄，见桓十七年经。

⑫见《左氏》桓十三年经、传。

⑬齐、鲁会于艾，见《春秋》桓十五年经。

⑭见《春秋》桓十七年经。奚，鲁地。

⑮见《春秋》桓十八年经。"三传"谓鲁桓公被杀系齐襄公通文姜而桓谪之，因有斯变，其说不可信。按鲁桓公在位，与齐三战，且尝大败齐师，轻身入齐，自有丧其身之可能。传文云云，盖作者观于鲁庄之世，《春秋经》屡书文姜如齐，故有此妄意之猜测；与齐桓以诸侯之师侵蔡，而谓其起因于蔡姬之荡舟，同一不达事实。夫桓公之卒，庄公年仅十三，女主当国，睦邻国而眠母家，人之情也。若必谓其为个人之淫佚，然则庄九年齐襄公已被杀矣，何以其后文姜尚如齐，且如莒也？观僖公娶于齐曰声姜，僖十一年经亦书"夏，公及夫人姜氏会齐侯于阳谷"，十七年又书"秋，夫人姜氏会齐侯于卞"，宁能谓其亦与齐桓公通耶！盖古代妇人本可以有外事，武丁之后妃当征伐之大任即其显著之一例，《春秋》以下之社会主张妇人无外事，因将凡任外事之妇人悉讲为淫佚以禁遏之，遂造出此等故事以厚诬古人耳。

⑯见《春秋》庄元年经。邢，在今山东临朐县东南。鄑，在今昌邑县境。郚，在今安丘县西南。

⑰见《左氏》庄三年经、传，参杜《注》。鄑，在今山东临淄县东。

⑱见《左氏》庄四年经、传，参杜《注》。

⑲见《公羊》庄四年传及《史记·齐世家》。周王，《史记集解》引徐广曰"周夷王"，不知其何所据也。

⑳见《左氏》桓十七年、十八年传。《史记·郑世家》则谓高渠弥逃归。首止，卫地，在今河南睢县东南。

㉑见《左氏》桓十六年、庄五年、六年经、传。

㉒见《左氏》庄八年经、传。

㉓见《左氏》庄八年、九年经、传，《史记·齐世家》。干时，齐地，

在今山东博兴县南，时水旱则涸竭，故曰干时。

㉔专记管仲治齐政绩者有《管子》及《国语·齐语》，但此二书均出于战国、秦、汉间，臆说过多，未可信据。梁启超先生有《管子传》一种，刊入《饮冰室专集》，即据此项材料为之，亦可一览，以见后人想象中之管仲治国方略。管子名夷吾，字仲，齐大夫管庄仲之子。《史记·管晏列传》谓其与鲍叔经商，亦出战国人信口之谈。

㉕见《左氏》庄十年经、传。长勺，鲁地，鲁所分得之殷遗民有长勺氏。

㉖见《春秋》庄十年经。

㉗见《左氏》庄十年经、传。郎，鲁邑，在今山东鱼台县东北。

㉘见《左氏》庄十一年经、传。

㉙见《左氏》庄十二年经、传。

㉚见《左氏》庄十三年经、传。北杏，齐地，在今山东东阿县北。

㉛灭谭，见《左氏》庄十年经、传，灭遂，见庄十三年经、传。谭国在今山东历城县东南城子崖，遂国在今山东宁阳县北。

㉜见《左氏》庄十三年经、传。柯，齐地，在今山东东阿县。

㉝见《公羊》庄十三年传，《史记·齐世家》《史记·鲁世家》《史记·刺客列传》。又《吕氏春秋·上德篇》述此事略异。"刿"，亦作"沫"。

㉞见《左氏》庄十三年传，十四年经、传。庄十年鲁侵宋又败宋师于乘丘，庄十一年鲁败宋师于鄑，故宋仇鲁。

㉟见《左氏》庄十四年经、传。

㊱见《左氏》庄十四年经、传。鄄，卫地，在今山东濮县东。

㊲《左氏》庄十五年传如此说，不审其理由何在。

㊳见《左氏》庄十五、十六年经、传。郳即小邾，在今山东滕县东。

㊴见《左氏》庄十六年经、传。幽，宋地。滑国在今河南偃师县南，为此会中最西之国。

㊵见《左氏》庄十九年传。

㊶见《左氏》庄二十年、二十一年传。

㊷郑厉公以鲁庄二十一年夏纳惠王，夏五月厉公即卒，见是年经传。

㊸齐、鲁盟柯之后，齐之会盟征伐鲁尚不与，可见其未服。至鲁庄二十二年秋，齐高傒如鲁盟，是年冬，庄公又如齐纳币，鲁始追随齐国惟谨，文见是年经。

㊹鲁庄二十五年，郑文公获成于楚，有二心于齐，至庄二十七年同盟于幽，始又服齐，见是年传杜《注》。

㊺见《左氏》庄二十七年经、传。

㊻见《左氏》庄二十七年传，参杜《注》，又二十八年经、传。

㊼“汉阳诸姬，楚实尽之”，见《左氏》僖二十八年传。平王戍于申、吕、许诸国，见《诗·王风·扬之水篇》。

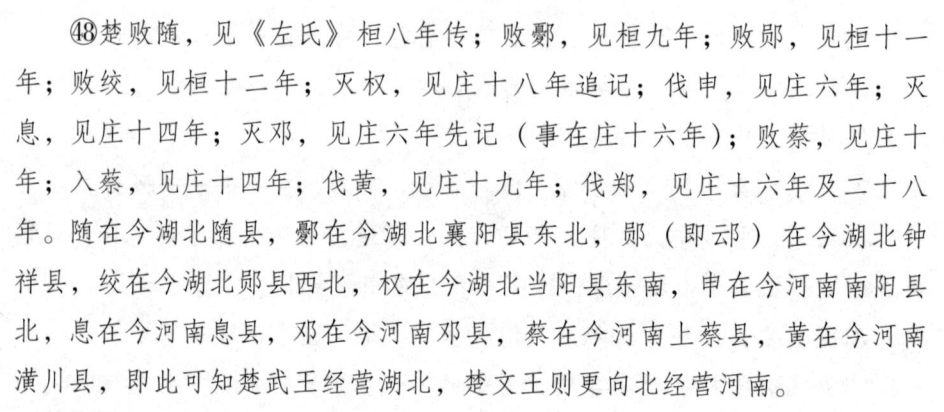

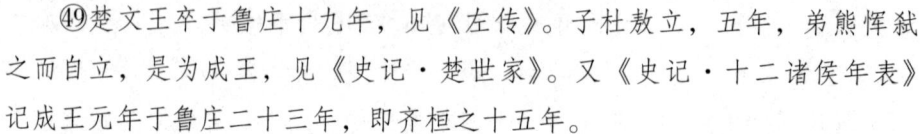

㊽楚败随，见《左氏》桓八年传；败鄾，见桓九年；败郧，见桓十一年；败绞，见桓十二年；灭权，见庄十八年追记；伐申，见庄六年；灭息，见庄十四年；灭邓，见庄六年先记（事在庄十六年）；败蔡，见庄十年；入蔡，见庄十四年；伐黄，见庄十九年；伐郑，见庄十六年及二十八年。随在今湖北随县，鄾在今湖北襄阳县东北，郧（即䢵）在今湖北钟祥县，绞在今湖北郧县西北，权在今湖北当阳县东南，申在今河南南阳县北，息在今河南息县，邓在今河南邓县，蔡在今河南上蔡县，黄在今河南潢川县，即此可知楚武王经营湖北，楚文王则更向北经营河南。

㊾楚文王卒于鲁庄十九年，见《左传》。子杜敖立，五年，弟熊恽弑之而自立，是为成王，见《史记·楚世家》。又《史记·十二诸侯年表》记成王元年于鲁庄二十三年，即齐桓之十五年。

㊿见《左氏》庄二十八年经、传。桐丘，在今河南扶沟县西。

(51)戎伐凡伯，见《春秋》隐七年经；北戎侵郑，见《左氏》隐九年传；北戎伐齐，见桓六年传；鲁追戎济西，见庄十八年经；鲁伐戎，见庄二十六年经；戎侵曹，见庄二十四年经；山戎病燕，见庄三十年传。

(52)狄始见于《春秋》三十二年经，自是蹂躏河、济流域诸国。

(53)见《左氏》庄三十年经、传，三十一年经，《史记·齐世家》《史记·燕世家》。孤竹国，今河北庐龙县至热河朝阳县一带地。齐桓此次出兵当是遵海而行，至今山海关而止。

(54)见《左氏》庄三十二年经、传。小谷，在今山东东阿县。

(55)见《左氏》闵元年经、传。邢国在今河北邢台县。

(56)见《左氏》闵二年经、传。漕，《左传》作曹，今依《诗·鄘风·载驰篇》作漕，俾与曹国有别。荧泽、共、滕、漕皆卫地。漕，在今河南滑县。

(57)见《左氏》僖元年经、传。夷仪，在今山东聊城县西南。

(58)见《左氏》闵二年传先记及僖二年经、传。楚丘，在今河南滑县东六十里。

(59)见《左氏》庄三十二年传。

(60)见《左氏》僖元年经、传。柽，宋地，在今河南淮阳县西北。

(61)见《左氏》僖二年、三年经、传。

(62)见《左氏》僖二年、三年经、传。江国在今河南正阳县东南。黄，见本篇注㊽。按楚曾伐黄，黄之附齐或以此故。

(63)北海、南海，犹云北边、南边，古人言语自有此例，如召穆公平定江、汉，《诗·大雅·江汉篇》亦言“于疆于理，至于南海”。

(64)《左传》文“赐我先君履”有两说，一为齐国境之四至。故四地均在其封域中；一为齐侯之势力范围，不妨稍远。穆陵与无棣所在，异说滋多。然味《左传》文仪，似以后一说为合理，盖如为齐之四至，即不必举以告楚使，所以言者，即为周王有命，齐侯可以干涉境外之事耳。

(65)见《左氏》僖四年经、传。陉，在今河南郾城县南。召陵，在今郾城县东。方城山在今河南叶县南，即在召陵之西。崔述《东壁遗书·考古续说·齐桓霸业附考》曾对《左氏》所记有所辨正，摘录于下：“召陵之师，……楚以‘问诸水滨’拒齐，齐无以复也。……屈完以方城、汉水自矜，齐又无以答也。是何其失词乃尔？且齐既为楚所轻，而楚犹受盟于齐，亦于事理有未合者。窃谓此事盖采之楚史者，乃楚人自张大之词，非实事也。何以言之。春秋时诸侯皆自称‘寡人’，……惟楚僭王号……乃自称‘不谷’。……今齐侯乃自称为不谷，此必楚人所记，以楚君之自称不谷也，故遂以加之齐，而忘齐君之不如是称也。至谓因蔡姬之嫁而侵蔡伐楚，亦不可信。北杏之会，蔡实与焉，既而叛附于楚，遂不复与齐桓之会。以人情时势论之，齐侯固当侵蔡伐楚，不必因蔡姬之嫁也……”

(66)见《诗·鲁颂·閟宫篇》。以其过自夸大，言“戎、狄是膺，荆、舒是惩”，若有大动劳者，故孟子遂误以为周公之事（《滕文公下》），而

忘其上文尚有“周公之孙，庄子之子”之句在也。舒国在今安徽舒城县，后亦为楚所灭。

(67)见《左氏》僖四年经、传。东夷指徐、郯、莒等国。《公羊》以为“滨海而东，大陷于沛泽之中”，因而执涛塗。

(68)见《左氏》僖五年经、传。首止，见本篇注⑳。

(69)见《左氏》僖五年、六年、七年经、传。宁母，在今山东鱼台县北。

(70)见《左氏》僖七年、八年经、传。洮，曹地。

(71)见《左氏》僖九年经、传。葵丘，宋地，在今河南考城县东。王人来会者，经书“宰周公”，传书“宰孔”，盖周公名孔，王朝之宰，前年惠王使召郑伯者即此人。

(72)此盟辞，《公羊传》载于僖三年阳谷之会，然是会系与宋、江、黄人商伐楚之事，厕于其间，殊为不类。兹依《谷梁传》文记于葵丘之会。又《孟子》中（《告子下》）亦记此辞于葵丘之会，惟其辞甚繁，而言“士无世官”，与春秋时事适相冲突，当出后增，故今不从。

(73)见《左氏》僖九年经、传。高梁，晋地，在今山西临汾县东北。

(74)见《左氏》僖十一年、十二年传。扬拒、泉皋皆戎邑，及诸杂戎居伊水、洛水之间者。

(75)见《左氏》僖十三年、十六年传。

(76)见《左氏》僖十二年传。

(77)城杞见《左氏》僖十四年经、传。《公羊传》以为徐、莒胁杞，非淮夷。城鄫，见僖十六年传。淮夷居今江苏邳县一带。杞国本封于今河南杞县，大约春秋前已迁入山东，居于潍水流域。缘陵，在今山东昌乐县东南。鄫国在今山东峄县东。

(78)见《左氏》僖五年、十一年、十二年经、传。弦国在今湖北蕲水县西北。

(79)见《左氏》僖十五年、十七年经、传。徐国在今安徽泗县北。娄林在泗县东北。牡丘在今山东茌平县东十里。厉国在今湖北随县北。英氏在今安徽六安县西。

(80)均见《论语·宪问篇》。左衽，旧说以为左襟，误。

㉛本段意义采自梁启超先生《春秋载记》第四章（《饮冰室专集》第十二册）。

㉜见《左氏》僖十七年经、传。是年经书"冬十有二月乙亥，齐侯小白卒"，传书"冬十月乙亥，齐桓公卒"，因其相隔两月，故传又书"十二月乙亥赴，辛巳夜殡"以弥缝之。《史记·齐世家》因此遂曰："桓公病，五公子各树党争立，及桓公卒，遂相攻，以故宫中空，莫敢棺，桓公尸在床上六十七日，尸虫出于户。"崔述《齐桓霸业附考》辨之云："《左传》之事皆采诸列国之史，春秋时诸侯往往有用夏正者，故传文中兼有周正夏正，参差不一。韩之战，经在十一月壬戌，传在九月壬戌，是也。辛巳而殡，仅七日耳。而传乃以十月为周正，则卒与殡遂隔六十七日，误矣。好事者附会之，因有尸虫出户之说，则其误更甚焉。"

㉝均见《左氏》僖十八年经、传。菟圃、訾娄皆卫地，訾娄未详所在，訾娄在今河北长垣县西。

㉞见《左氏》僖十九年经、传。次睢，在今山东临沂县东北。《公羊传》谓"用之社，盖叩其鼻以血社也"。

㉟见《左氏》僖二十年经、传。

㊱见《左氏》及《公羊》僖二十一年经、传。鹿上，宋地，在今安徽阜阳县南。盂，宋地，在今河南睢县。薄亦宋地，在今河南商丘县北。《公羊传》以为公子目夷设械守国，楚人知虽杀宋公犹不得宋国，于是释宋公。

㊲见《左氏》僖二十二年经、传。传中"大司马固谏曰"，杜《注》云："庄公之孙公孙固也。"按此大司马即司马目夷，固谏即强谏之义，杜《注》误。《史记·宋世家》作"子鱼谏曰"，子鱼为目夷字，今从之。

㊳见《左氏》僖二十三年经、传。

㊴见《左氏》僖二十四年经、传。

㊵见《左氏》僖二十四年传。

㊶见《左氏》僖二十六年经、传。谷，在今山东东阿县。

附表一：齐桓公年表[①]

元年（春秋 38 周庄 12 鲁庄 9）：春，齐人杀其君无知。夏，鲁伐齐，纳子纠；桓公自莒先入齐，即位。八月，与鲁师战于干时，大败之。九月，鲁为齐杀子纠。子纠臣管夷吾自鲁归齐，相桓公。

二年（春秋 39 周庄 13 鲁庄 10）：春，鲁败齐师于长勺。六月，齐师、宋师次于郎，鲁败宋师于乘丘，齐师遂还。十月，齐师灭谭，谭子奔莒。是年九月，楚伐蔡，获哀侯以归。

三年（春秋 40 周庄 14 鲁庄 11）：冬，桓公至鲁逆王姬，不见鲁侯[②]。

四年（春秋 41 周庄 15 鲁庄 12）：八月，宋南宫长万弑其君闵公。

五年（春秋 42 周僖 1 鲁庄 13）：春，桓公会宋人、陈人、蔡人、邾人于北杏以平宋乱。六月，齐灭遂，戍之。冬，桓公与鲁侯盟于柯，齐、鲁始平；盟时，曹沫劫桓公反所侵地于鲁[③]。

六年（春秋 43 周僖 2 鲁庄 14）：宋背北杏之会，春，桓公会陈人、曹人伐宋，又请师于周；夏，单伯以王师会之，取成于宋而还。冬，桓公会单伯、宋公、卫侯、郑伯于鄄，宋服故。是年，楚灭息，遂伐蔡；七月，入蔡。

七年（春秋 44 周僖 3 鲁庄 15）：春，桓公会宋公、陈侯、卫侯、郑伯于鄄。郳叛宋，秋，齐师会宋师、邾师伐郳。是年秋，郑人侵宋。

八年（春秋 45 周僖 4 鲁庄 16）：夏，齐师会宋师、卫师伐郑。十二月，桓公会宋公、陈侯、卫侯、郑伯、许男、滑伯、滕子同盟于幽[④]。是年，楚灭邓[⑤]。秋，楚伐郑。冬，王命曲沃伯以一军为晋侯。

九年（春秋 46 周僖 5 鲁庄 17）：郑不朝齐，春，齐执郑大夫詹。夏，遂人飨齐戍，醉而杀之，齐人歼焉。

十年（春秋 47 周惠 1 鲁庄 18）：夏，鲁侯追戎于济西。

十一年（春秋 48 周惠 2 鲁庄 19）：四月，桓公与宋公盟，鲁公子结媵陈人之妇于鄄，亦与盟。冬，齐师会宋师、陈师伐鲁西鄙。是年秋，王子颓作乱，王奔温，子颓奔卫，卫师、燕师伐周，冬，立子颓。

十二年（春秋 49 周惠 3 鲁庄 20）：夏，齐大灾。冬，齐伐戎。是年春，郑厉公和王室不克，执燕君仲父，夏，遂以王归，王处于栎。

十三年（春秋50 周惠4 鲁庄21）：夏，郑厉公会虢公伐杀子颓，纳王于周。五月，厉公卒。

十四年（春秋51 周惠5 鲁庄22）：七月，齐高傒与鲁人盟于防。冬，鲁侯如齐纳币。是年春，陈乱，陈公子完奔齐，为工正。

十五年（春秋52 周惠6 鲁庄23）：夏，鲁侯如齐观社。十二月，桓公会鲁侯盟于扈。

十六年（春秋53 周惠7 鲁庄24）：夏，鲁侯如齐逆女。是年冬，戎侵曹。

十七年（春秋54 周惠8 鲁庄25）。

十八年（春秋55 周惠9 鲁庄26）：秋，齐师会宋师、鲁师伐徐。是年春，鲁侯伐戎。

十九年（春秋56 周惠10 鲁庄27）：六月，桓公会鲁侯、宋公、陈侯、郑伯同盟于幽，陈、郑服也。王使召伯廖赐齐侯命，且请伐卫，以其立子颓也。冬，桓公会鲁侯于城濮。

二十年（春秋57 周惠11 鲁庄28）：桓公以王命伐卫，败卫师，数之，取赂而还。秋，楚伐郑，桓公会鲁、宋、邾之师以救郑⑥，楚师夜遁。冬，鲁饥，告籴于齐。

二十一年（春秋58 周惠12 鲁庄29）。

二十二年（春秋59 周惠13 鲁庄30）：七月，齐师降鄣。冬，桓公与鲁侯遇于鲁济，谋山戎，以其病燕也。齐伐山戎。

二十三年（春秋60 周惠14 鲁庄31）：桓公伐山戎至孤竹而还，燕庄公送桓公入齐境，桓公因割燕君所至地与燕⑦。六月，献戎捷于鲁。

二十四年（春秋61 周惠15 鲁庄32）：春，鲁侯为管夷吾城小谷。桓公为楚伐郑，请会于诸侯，宋公请先见，夏，与宋公遇于梁丘。是年冬，狄伐邢。

二十五年（春秋62 周惠16 鲁闵1）：正月，齐师救邢。八月，桓公与鲁侯盟于落姑，为鲁召季友于陈。

二十六年（春秋63 周惠17 鲁闵2）：正月，齐师迁阳。鲁乱，冬，齐高傒至鲁盟，立僖公而城鲁⑧。十二月，狄伐卫，卫师败绩，狄人杀懿公，灭卫。卫人立戴公以庐于曹，桓公使公子无亏帅车三百乘，甲士三千人以戍曹。

二十七年（春秋64 周惠18 鲁僖1）：狄伐邢，正月，齐师会宋、曹之师次于聂北救邢，邢人溃，奔聂北，师遂逐狄人，具邢器用而迁之。夏，邢迁于夷仪，诸侯城之。郑即齐，七月，楚伐郑。八月，桓公会鲁侯、宋公、郑伯、曹伯、邾人于柽，谋救郑。

二十八年（春秋65 周惠19 鲁僖2）：卫文公请于齐⑨，正月，桓公会诸侯城楚丘以封之，江、黄来服齐，九月，桓公会宋公、江人、黄人盟于贯。齐寺人貂始漏师于多鱼。是年冬，楚伐郑。囚郑聃伯。

二十九年（春秋66 周惠20 鲁僖3）：桓公会宋公、江人、黄人于阳谷。冬，鲁公子友如齐莅盟。是年冬，楚又伐郑⑩。

三十年（春秋67 周惠21 鲁僖4）：桓公会鲁侯、宋公、陈侯、卫侯、郑伯、许男、曹伯侵蔡，蔡溃，遂伐楚，次于陉。楚屈完来盟于师，盟于召陵。陈辕涛涂以师出于陈、郑间，国必甚病，欲循海而归，桓公听申侯之谮，执辕涛涂。以陈人不忠，秋，鲁、江、黄之师伐陈。十二月，齐、鲁、宋、卫、郑、许、曹之师又侵陈。陈成，归辕涛涂。

三十一年（春秋68 周惠22 鲁僖5）：惠王欲立子带而废世子郑，夏，桓公及鲁侯、宋公、陈侯、卫侯、郑伯、许男、曹伯会王世子郑于首止，八月，同盟以定其位。惠王使周公召郑伯，曰："吾抚汝以从楚，辅之以晋，可以少安。"郑伯逃归不盟。是年秋，楚灭弦，弦子奔黄。

三十二年（春秋69 周惠23 鲁僖6）：夏，桓公会鲁侯、宋公、陈侯、卫侯、曹伯伐郑，围新密。秋，楚王围许以救郑。诸侯救许，乃还。冬，蔡穆侯将许僖公以见楚成王于武城，许男面缚衔璧舆榇，楚王释之。

三十三年（春秋70 周惠24 鲁僖7）：春，齐伐郑，郑服。七月，桓公会鲁侯、宋公、陈世子款、郑世子华盟于宁母，以谋郑。冬，郑伯使请盟于齐。闰月，惠王崩，世子郑恶子带，惧不立，不发丧而告难于齐。

三十四年（春秋71 周襄1 鲁僖8）：桓公会王人鲁侯、宋公、卫侯、许男、曹伯、陈世子款，盟于洮，以谋王室。郑伯乞盟，襄王定位而后发丧。

三十五年（春秋72 周襄2 鲁僖9）：夏，桓公会宰周公、鲁侯、宋子、卫侯、郑伯、许男、曹伯于葵丘。王使宰孔赐桓公胙，使无下拜，桓公下拜登受。九月，诸侯盟于葵丘。是月，晋献公卒，晋乱，桓公以诸侯之师伐晋，及高梁而还。冬，齐隰朋帅师会秦师纳惠公于晋。

三十六年（春秋73 周襄3 鲁僖10）：夏，桓公与许男伐北戎。四月，周公忌父、王子党会齐隰朋立晋侯。是年春，狄灭温，温子奔卫。

三十七年（春秋74 周襄4 鲁僖11）：夏，桓公会鲁侯及其夫人姜氏于阳谷。黄人恃齐，不归楚贡，冬，楚人伐黄。是年夏，王子带召扬拒、泉皋、伊雒之戎伐京师，入王城，秦、晋伐戎以救周。秋，晋侯平戎于王。

三十八年（春秋75 周襄5 鲁僖12）：春，诸侯城卫楚丘之郭，惧狄难也。王以戎难故，讨王子带，秋，子带奔齐。冬，桓公使管夷吾平戎于王，使隰朋平戎于晋。王以上卿之礼飨管夷吾，让，受下卿之礼而还。是年夏，楚灭黄。

三十九年（春秋76 周襄6 鲁僖13）：夏，桓公会鲁侯、宋公、陈侯、卫侯、郑伯、许男、曹伯于鹹，淮夷病杞故，且谋王室。秋，为戎难故，诸侯戍周。是年春，狄侵卫。

四十年（春秋77 周襄7 鲁僖14）：杞避淮夷⑪，春，诸侯城缘陵以迁杞。

四十一年（春秋78 周襄8 鲁僖15）：徐即诸夏，春，楚伐徐。三月，桓公会鲁侯、宋公、陈侯、卫侯、郑伯、许男、曹伯盟于牡丘，遂次于匡以救徐。七月，齐师与曹师伐厉。冬，楚人败徐于娄林。是年，管夷吾、隰朋皆卒⑫。

四十二年（春秋79 周襄9 鲁僖16）：夏，齐伐厉，不克，救徐而还。秋，王以戎难告于齐，齐征诸侯而戍周。淮夷病鄫⑬，十二月，桓公会鲁侯、宋公、陈侯、卫侯、郑伯、许男、邢侯、曹伯于淮，谋鄫，且东略。城鄫，不果而还。

四十三年（春秋80 周襄10 鲁僖17）：春，齐师会徐师伐英氏，以报娄林之役。夏，齐灭项⑭。十二月，桓公卒⑮，齐内乱。

注释：

① 此表以《春秋经》及《左氏传》为主，别采《公羊传》《史记·十

二诸侯年表》及《齐世家》以补之，凡补入者皆注明于下。以春秋二百四十二年统排编年始于梁启超先生《春秋载记》（《饮冰室专集》第十二册），今用之。

②见是年《经》杜预《注》。鲁与齐连年战争，故两君不相见。

③曹沬劫齐桓事，见《公羊传》及《史记》。

④本条《经》文、《公羊》作"公会齐侯……"，是鲁庄公亦与于盟；《左氏》、《谷梁》作"会齐侯……"，则与盟者虽非庄公而鲁人必有参加者。故杜《注》云："书会，鲁会之。不书其人，微者也。"然观《公羊》何《注》，于庄十九年"公子结"条云："先是鄄、幽之会，公比不至，公子结出竟，遭齐、宋欲深谋伐鲁，故专矫君命而与之盟。"知《公羊经》"公会"之文必是衍文，《春秋繁露·灭国》下篇云"幽之会庄公不往"，亦足证明。说详阮元《公羊注疏》卷七《校勘记》。按柯盟之后，齐、鲁虽平而积嫌犹未能释，故齐之会盟征伐鲁皆不与焉。直至鲁庄公廿二年后，齐、鲁始取一致行动。

⑤《左氏传》已前叙其事于庄六年中。

⑥《左氏》《谷梁经》惟言鲁、宋，《公羊经》并有邾。

⑦见《史记·齐世家》。

⑧立僖城鲁事见《公羊传》。

⑨见《史记·齐世家》。

⑩《左传》《史记》等书于此年俱有"齐侯与蔡姬乘舟于囿，荡公，公惧，变色，禁之不可；公怒，归之，未绝之也，蔡人嫁之"一事，为明年桓公率诸侯侵蔡之张本。然是时楚人内扰浸急，桓公既为霸主，便不得不伐楚，而蔡于是时已为楚之与国，久不与中原之盟会，欲伐楚则道途所经必先侵蔡，此就当时国际关系优足说明，不必藉词于蔡姬之嫁也。《左氏》好装点私事以见大局转变之由来，其实多失之诬。即如楚之灭息，本为其北向发展所必有之事，正与其灭申、吕、弦、黄相同，而连兵乃以为蔡哀侯绳息妫之美所致，然则申、吕、弦、黄之灭又将归咎于谁何妇人乎！

⑪见杜《注》，《公羊传》谓是"徐、莒胁之"。

⑫见《史记·齐世家》。《谷梁传》以为管仲死于桓公三十八年楚灭黄

之前，逞臆之谈，不可信。

⑬见杜《注》。

⑭《经》文但书"夏，灭项"，不言灭之者。《公羊传》谓"齐灭之"，《谷梁》同，盖以上条为齐、徐伐英氏故。《左氏传》谓"淮之会，公有诸侯之事，未归而取项，齐人以为讨而止公"，盖灭者无主名，则以鲁僖公为最近，犹"城郎"与"浚洙"之类之为鲁事也。然英氏在今安徽六安县治西，项国在今河南项城县境，同在淮水流域，齐、徐之师道出其间，灭而有之，如僖三十三年秦师侵郑，顺道灭滑然，事亦可能。至于鲁，则既未出师，僖公亦正赴会，两国相距又远，胡从越国而鄙之乎！故今从《公》《谷》之说。

⑮桓公之卒，《经》作十二月，《传》作十月，日则同为乙亥，盖一为周历，一为夏历，相差两月，非有异也。后人不悟其用历之异，乃谓以内乱之故，历两月始殡，致有尸虫出于户之说，大非。

附表二：齐桓公事业分类表

甲　衣裳之会①

次 数	桓公纪元	会 地	与会国	附 记
一	五	北杏	齐、宋、陈、蔡、邾。	平宋乱。
二	六	鄄	周、齐、宋、卫、郑。	宋背北杏之会，伐宋取成。
三	七	鄄	齐、宋、陈、卫、郑。	其故未详。（《左传》以为齐始霸，不成理由。）
四	八	幽	齐、宋、陈、卫、郑、许、滑、滕。	郑侵宋，以诸侯之师伐郑，取成。
五	一九	幽	齐、鲁、宋、陈、郑。	陈内乱，郑成于楚，至是皆服。
六	二七	柽	齐、鲁、宋、郑、曹、邾。	楚伐郑，谋救郑。
七	二八	贯	齐、宋、江、黄。	谋楚。
八	二九	阳谷	齐、宋、江、黄。	同上。
九	三一	首止	王世子、齐、鲁、宋、陈、卫、郑、许、曹。	谋宁王室。
一〇	三三	宁母	齐、鲁、宋、陈、郑。	前年郑伯逃盟，两次伐郑，郑服。
一一	三五	葵丘	周、齐、鲁、宋、卫、郑、许、曹。	寻盟，修好。

乙　兵车之会[②]

次　数	桓公纪元	会　地	与会国	附　记
一	三四	洮	周、齐、鲁、宋、卫、许、曹、陈、郑。	谋宁王室[③]。
二	三九	鹹	齐、鲁、宋、陈、卫、郑、许、曹。	淮夷病杞，谋安杞。又戎病王室，谋安周。
三	四一	牡丘	齐、鲁、宋、陈、卫、郑、许、曹。	楚人伐徐，谋救徐。
四	四二	淮	齐、鲁、宋、陈、卫、郑、许、邢、曹。	淮夷病鄫，谋安鄫，且东略。

丙　征伐

次　数	桓公纪元	所伐国	出师国	附　记
一	一	鲁	齐。	鲁败齐师于长勺。
二	二	鲁	齐、宋。	报长勺之役，无功而还。
三	六	宋	周、齐、陈、曹。	宋背北杏之会，伐之，取成而还。
四	七	郳	齐、宋、邾。	郳叛宋，齐为宋伐之。
五	八	郑	齐、宋、卫。	上年郑人侵宋故。
六	一一	鲁	齐、宋、陈。	盟柯之后，鲁实未服，会鄄会幽均不预，所以受敌。
七	一二	戎	齐。	前年鲁侯追戎济西，与此事当有关系，盖戎人渡济东侵，齐、鲁交受其害也。
八	一八	徐	齐、宋、鲁。	原因不详。

续 表

次 数	桓公纪元	所伐国	出师国	附 记
九	一九	卫	齐。	九年前卫师伐周立王子颓，故惠王命齐伐之。
一〇	二二	山戎	齐。	山戎病燕，伐之大捷。
一一	三〇	蔡、楚	齐、鲁、宋、陈、卫、郑、许、曹。	楚成王频年伐郑，蔡为楚屏，故先侵蔡，继伐楚。
一二	三〇	陈	鲁、江、黄。	陈辕涛涂欲师行不病本国，请循海而归，以其不忠，讨之。
一三	三〇	陈	齐、鲁、宋、卫、郑、许、曹。	同上。
一四	三二	郑	齐、鲁、宋、陈、卫、曹。	郑伯逃首止之盟，叛齐即楚，故伐之。楚围许以救郑。
一五	三六	北戎	齐、许。	按《左氏》隐九年传"北戎侵郑"，郑、许密迩，或北戎侵许，故齐与之俱出师乎？
一六	四一	厉	齐、曹。	厉为楚与国，楚伐徐，因伐厉以救之。
一七	四三	英氏	齐、徐。	英氏为楚与国，齐、徐伐之以报楚娄林之役。

丁　救援

次 数	桓公纪元	侵略国	被侵略国	出师国	附 记
一	二〇	楚	郑	齐、鲁、宋、郝。	救师至，楚师夜遁。

续　表

次　数	桓公纪元	侵略国	被侵略国	出师国	附　记
二	二四	狄	邢	齐。	《春秋》闵元年经但书"齐人救邢"，或但以本国之师救之。
三	二七	狄	邢	齐、宋、曹。	邢人溃，出奔诸侯之师，遂迁于夷仪。
四	三二	楚	许	齐、鲁、宋、陈、卫、曹。	诸侯伐郑，楚围许以救郑，诸侯遂救许。
五	四一	楚	徐	齐、鲁、宋、陈、卫、郑、许、曹。	牡氏会后即出师，然徐师终为楚败于娄林。

戊　城戍

次　数	桓公纪元	所城戍国	会城戍国	附　记
一	二六	鲁	齐。	鲁有庆父之乱，为立僖公而城之。
二	二六	卫	齐。	卫为狄灭，卫人立戴公以庐于曹，齐桓公使公子无亏帅车三百乘、甲士三千人戍之。
三	二七	邢	齐、宋、曹。	狄伐邢，邢迁于夷仪，遂会师城之。
四	二八	卫	齐……	会诸侯城楚丘以封卫。按以下六事，《左传》中但言"诸侯"，不详是何国。
五	三八	卫	齐……	惧狄难，诸侯城卫楚丘之郛。
六	三九	周	齐……	为戎难故，诸侯戍周。
七	四〇	杞	齐……	淮夷病杞，诸侯城缘陵以迁杞。

续表

次数	桓公纪元	所城戍国	会城戍国	附记
八	四二	周	齐……	王以戎难告齐，齐征诸侯戍周。
九	四二	鄫	齐……	淮夷病鄫，齐征诸侯城鄫，役人病，不果而还。

己　立君

次数	桓公纪元	所立君	附记
一	二六	鲁僖公	鲁庄公卒，庆父杀太子般。立庶子启方（闵公），又为庆父所弑。齐桓公使高傒至鲁平乱，立庄公庶子申（僖公），并以哀姜通庆父，取而杀之于夷。
二	三四	周襄王	周惠王欲立王子带，而废太子郑，故齐桓公帅诸侯会太子郑于首止以定其位。惠王崩，桓公又会王人及诸侯于洮，襄王乃即位发丧。
三	三六	晋惠公	晋献公卒，内乱，桓公以诸侯之师伐晋，及高梁而还。使隰朋帅师会秦师纳惠公于晋，又会周公忌父及王子党立惠公。

庚 灭国

次 数	桓公纪元	所灭国	所在地	附 记
一	二	谭	今山东历城县东南。	《左传》以为桓公出奔时谭子不礼，故灭之，亦推测之辞，桓公灭谭，与襄公灭纪同，皆以其近在肘腋之旁也。
二	五	遂	今山东宁阳县北。	遂亦近齐，故被灭。按《左传》，是年齐人灭遂而戍之，越四年，遂因氏等飨齐戍，醉而杀之，齐人歼焉。
三	二二	鄣	今山东东平县东。	《春秋经》书"齐人降鄣"，杜预《注》谓"小国孤危，不能自固，盖齐遥以兵威胁使降附"。
四	二六	阳	今山东益都县东南，被迁于沂水县南。	《春秋经》书"齐人迁阳"，杜预《注》"盖齐人逼徙之"。按此与襄公迁纪、邢、鄣、郜事同。
五	四三	项	今河南项城县。	《春秋经》但书"灭项"。《左氏》以为鲁灭之，《公羊》以为齐灭之，今姑从《公羊》④。

注释：

①此表依《谷梁》庄二十七年传及范宁《集解》说排列。若就《春秋经》看，则齐桓五年，齐、鲁盟于柯，十一年齐、宋及鲁公子结盟于鄄，十四年齐、鲁盟于防，十五年齐、鲁盟于鄗，十六年齐、鲁会于城

濮，二十四年齐、鲁盟于落姑，二十六年齐、鲁盟，二十九年齐、鲁盟，皆未列入。然此等盟会皆局部事，在国际上无大关系，故今亦缺之。

②此表亦依《谷梁传》及范宁《集解》说。按齐桓三十年以诸侯之师伐楚，与楚使屈完盟于召陵，实亦可谓为兵车之会，今以已见征伐表内，故亦缺之。

③盟洮为谋王室，并未出兵，范宁列为兵车之会，未详其故。今姑仍之，以待考。

④项国在息国之北，蔡国之西，当时实已为楚国势力所笼罩。吾人对于此事可做两种推想：其一，灭项者为楚，《春秋》未书楚乃阙文。其二，灭项者为齐，则齐与徐共伐英氏，顺手灭顶而以与徐，以遏楚人北侵之焰者。此皆为当日情势所可能，至于《左氏传》鲁灭之说，则因经文下条有"秋，夫人姜氏会齐侯于卞；九月，公至自会"之文，乃造作"齐人以为讨而止公"之谰言耳。

秦与晋的崛起和晋文公的霸业

当齐桓公在黄河下游称霸的时候,黄河上游已有两个大国勃兴,在现今陕西境内的叫作秦,在现今山西境内的叫作晋,他们都可以说是新国家①。

秦国姓嬴。据他们自己说:颛顼的子孙有一个女子,名唤女脩,正当她织布的时候,一头玄鸟飞来,掉下了一个卵,女脩吞下就怀了孕,生子大业②。大业生大费,又叫作"伯翳",和禹一块儿平治洪水,帝舜为他有功,把自己的女儿嫁给他③。大费生了两个儿子:长的名大廉,是鸟俗氏的始祖;次的名若木,是费氏的始祖。若木的玄孙有名费昌的,他曾为商汤御车,把夏桀打败;这一支的子孙有的在中国,有的在夷狄,现在且不提。大廉有一个玄孙名唤仲衍,鸟的身体,人的言语,做了商王太戊的御者;后来世世有功,商王命为诸侯。仲衍的玄孙中潏移居西戎,生子飞廉,飞廉生子恶来,恶来有力,飞廉善走,纣王赏识这父子二人的才力,把他们都任用了。周武王伐纣,连带杀了恶来④。飞廉还有一个儿子叫季胜,季胜的儿子叫孟增,他做了周武王的臣子,因为他住在皋狼地方,被人唤作"宅皋狼"⑤。宅皋狼再传为造父,他受了仲衍的遗传,极会御车,曾替周穆王驾了骏马西巡,一天跑得一千里路;穆王赏他的功,封他在赵城,就成了后来赵氏的始祖,这是汾水流域的一支⑥。造父的同族中有一个名唤非子,是飞廉的六世孙,住在犬丘,有很高强的畜牧的本领,周孝王命他到汧、渭二水之间去养马,马匹大为蕃殖;孝王喜欢他,分给他秦邑的田地,比于附庸之君,人们称他为"秦嬴",这是渭水流域的一支⑦。秦嬴五传到秦襄公,当西周的末年。襄公听得犬戎攻杀周幽王,他出力护送平王东迁;平王感激他,封为诸侯,并且当面吩咐道:"只要你能把戎人赶走,岐山以西的地方我就统统赐给你。"到这时,秦国总成一个正式的国家,和列国诸侯通了聘问了⑧。

襄公的儿子文公迁都到汧、渭交会的地方,用武力赶走戎人之后,把

101

周朝的遗民收集拢来。他依照平王的嘱托，把本国的东境开拓到岐山为止，岐山东面的地方一起献还周朝[9]。他的孙宁公又打败西戎的亳王，灭了亳国的荡社和荡氏[10]。到宁公的儿子武公手里，他东伐彭戏氏，直到华山下面；又西伐邽戎和冀戎，把戎人的地方改作了自己的县[11]。他的曾祖文公虽曾把岐东之地还给周朝，可是自从平王东迁之后，周天子的力量一天比一天衰弱下去，他们实在管不着渭河边上的地方了。武公看出这种情形，也就毫不谦让，把丰、镐附近的杜国和华山附近的郑国的土地一起收了来，做了自己的两个县[12]。西虢本在岐山西南，虢君跟了周王一起东迁，留下一个分支小虢没有迁走，武公也把它灭了[13]。当齐桓公刚即位的时候，秦国差不多已经统一了渭水流域的全部[14]。

　　武公的儿子德公又迁到雍[15]。当他占卜迁居问题的时候，得到的卜兆是："住在那边之后，子孙们可以直到黄河边上去饮马！"德公生子三人，长子宣公，次子成公，少子穆公，依次为君。在宣公的世里，晋国强大，秦和晋直接接触，在黄河北岸打了一仗。穆公刚即位又打到茅津，过些时候又和晋国在河曲开战[16]。从此以后，他们两国不断的交锋，可是势均力敌，各不相下，终究谁也没奈何谁[17]。

　　晋国始封之君是周成王的同母弟叔虞。成王灭了唐国，把他封到那边，称为唐叔虞[18]。这地方虽是周的王畿，却被戎、狄部落所环绕，生活比较艰苦[19]。唐叔的儿子燮父迁居晋水之旁，国号随着改作晋[20]。燮父七传到穆侯，当周宣王之世，迁都到翼[21]。在他伐条失利的那年生了长子，他为要纪念这次不幸的战事，替这个小孩子取名为仇；三年之后，他伐千亩有功，心中高兴，正值他的次子出世，就取名为成师[22]。太子仇即位，是为文侯。那时周幽王被犬戎所杀，文侯和列国诸侯拥立平王，又攻杀那位和平王对立的携王，平王酬报他，赐给秬鬯、鬯草和彤弓、彤矢、卢弓、卢矢等贵重东西，命他好好护卫着王朝[23]。文侯卒后，子昭侯嗣位，大约他为了叔父成师在国内很有势力，怕他捣乱，就封他在翼都西南的曲沃。可是这么一封晋国就多事了，从此他们的君主不是被曲沃的君主杀死就是被赶掉。经过了六十余年的内乱，成师的孙子曲沃武公到底并有了晋国[24]。周僖王受了武公的贿赂，也就承认这既成的事实，命他主领一军为晋君，列为诸侯了[25]。

武公灭晋之后不久便死，子诡诸继位，是为晋献公。献公是一位不肯让人的枭雄。自从曲沃灭翼之后，曲沃的宗族渐渐骄横起来，常有压迫公室的举动，献公想了自己祖宗得国的由来，设法离间他们，使他们自相残杀，临了他又来一个围剿，于是先朝的公子公孙们统统给杀死了，晋国的政权就集中到他一个人的手里㉖。内部平靖了就容易向外发展，他先西去伐骊戎，骊戎的君主向他求和，把两个女儿送给他，因为骊国是姬姓，所以他们的女儿称为骊姬㉗。曲沃灭晋后所领的王命本是一军的小国，到献公十六年，他觉得力量充足，就自行改作二军，本人将了上军，太子申生将了下军，去攻灭耿、霍、魏三国，当下把耿国赐给他的车御赵夙，魏国赐给他的车右毕万㉘。次年，他又派太子申生带领军队伐赤狄族的东山皋落氏，也得着胜利而归㉙。在他的世里，晋国的疆土急剧地扩张，成为黄河北面的唯一姬姓大国，不过关系最大的还是他灭掉的虞和虢㉚。

以前虢国曾帮过晋侯伐曲沃，新近又曾侵晋㉛。虢和晋相去不远，虢地跨有黄河南北，而在黄河南面的地方形势又非常险要，只要得着了虢就可以挡住秦，所以它正是晋国嘴边所不肯放过的一块肥肉㉜。献公想借了旧恨的口实出兵，就用了大夫荀息的计谋，把很珍贵的屈产的好马和垂棘的宝玉送给虞公，向他借一条路去伐虢国㉝。虞公本是一个贪小利的人，见了这些宝贝，心花怒开，便一口应允来使，不但可以借路，而且可以会师伐虢。那时虞国有一个很有智谋的大夫宫之奇，他窥破晋国的阴谋，谏劝虞公，虞公只是不听，虞、晋两国就共同破灭了虢国的要邑下阳㉞。总过了三年，献公又向虞国借路了，宫之奇再剀切谏劝道："虢是虞的外唇，虢国一亡，虞国必然跟着倒。干错了一回已是不该的了，哪里可以再错第二回！俗语说得好，'嘴巴和牙床是联带的，没有了唇就冻着齿了'，这便是虞和虢的关系！"虞公道："晋国是我的本家，哪里会害我！"宫之奇答道："虞出于太王，虢出于王季，晋国灭得虢，哪里灭不得虞。而且虞和晋的关系哪能抵得过曲沃的公子公孙们和现在晋君的关系，这等亲密的本家，只为相处近了，都给他杀光了。你想，虞和晋也是逼近着咧！"话说得这样透彻，虞公还不觉悟，自以为祭神虔诚，一定会得着天的保佑。当下虞公许了晋使，宫之奇就带了家眷出走了。这年晋师灭虢，回来时停息在虞国，趁他们不防备，一下子又灭了虞国。献公通知周王，凡是虞国贡献到王朝的东西，一概按照旧例送去，周王也就不说话了。这是齐桓公伐楚的后一年，从此晋国的西南角上据有了崤、函的天险。荀息走到虞公的宫里牵出屈产的马还给献公。献公笑道："马还是我的马，可惜老了些了！"㉟

话说晋献公虽是一个雄才大略的君主，但他对于女色方面却很糊涂。他除了原有的夫人之外，曾收纳他庶母齐姜，生了一男一女：女的嫁给秦穆公，男的名申生，立为太子。他又娶了大戎的女儿，叫作狐姬，生一子名重耳；娶了小戎的女儿，也生一子，名夷吾。在伐骊戎时他得了骊君的两个女儿归来，大的骊姬生子名奚齐，小的生子名卓子。这几位妻妾之中，最得宠的是奚齐的母亲骊姬，被他立作夫人。她占有了这种特殊的宠遇，还想进一步立奚齐为太子，就勾结一班小人，教他们劝献公派太子申生守曲沃，重耳守蒲城，夷吾守屈邑㊱，献公有子九人㊲，还有四个也到了边地，只留下奚齐和卓子在国都。过了几年，她就使出一条毒计，对太子申生说："前天你的父亲梦见了你的亡故的母亲，你赶快去祭祀她罢！"太子听话，在曲沃祭了齐姜，把胙肉献给父亲。那时献公正在郊外打猎，隔了六天回来，骊姬掺入了毒药送上去；献公试出肉里有毒，她就乘机带哭带诉道，"太子，你太忍心了！你的父亲年纪这样老了，为什么还不肯等一等呢！"又向献公乞怜道，"你看这种情形，在你千年之后，叫我们母子怎样的存活！"献公被她一阵话激怒，就把太子的师傅杀了。有人劝申生自己去辨明，申生道："我的父亲年纪大了，没有骊姬侍候，睡也睡不好，吃也吃不好的！"有人劝他逃奔别国，他又不愿担当了弑父的恶名出去，就自己缢死在曲沃。他死后，骊姬继续编出重耳和夷吾的坏话，指他们和申生通谋。献公派人去杀他们，重耳逃到狄国，夷吾逃到梁国㊳。别的公子也都被赶了出去，奚齐自然稳稳地立作太子了。不久献公得病，把奚齐付托给荀息。献公死后，荀息拥奚齐即位，大夫里克们想迎立重耳为君，纠合党徒在丧次杀死奚齐。荀息又立卓子为君，里克又把卓子杀掉，荀息便殉了难。这时候晋国陷入了大混乱的状态㊴。

公子夷吾居留梁国，听得这消息，想回国为君，请求秦穆公援助。穆公见晋国起了内乱，正想乘机捞些便宜，对着这送上门来的生意怎肯放过，便要求他回国之后把黄河南面的五个城送给秦国做报酬。这五个城所管辖的地域，东面到虢国原有的东界，南面到华山，北面到解梁城，把晋国累代开拓的疆土要走了一半；而且把崤、函也卷了进去，开了秦国东向发展的大门，这是何等称心适意的事情⑩。夷吾急于入国，一口应允。秦穆公便联合了齐桓公送夷吾回国即位，是为惠公。惠公回国后先杀了里克们，除去内部的有力分子，对外又赖掉割地给秦的原约，弄得国内和国外对他都不满意起来。不久晋国闹饥荒，向秦国借粮，秦国运来了大量的米谷。只隔一年，秦国的收成也不好，到晋国借取时，惠公却拒绝了。秦穆公发怒，起兵伐晋。惠公抵御，在韩原开战，晋兵大败，惠公被秦兵生擒了去㊶。幸而秦穆公的夫人是惠公的姊妹，听得他被擒，便带了儿女走上高台，堆积木柴，拿放火自焚做要挟，穆公只得不杀惠公，把他监禁起来。惠公命大夫回国，对国人说："我已羞辱了我们的国家，就是回国也做不得你们的君主了，还是让太子圉接下去罢！"国人听了都哭。晋人就把公田的税分给民众，各个城乡都整顿了甲兵，保护太子，表示国内失了一君还有一君，决不对秦屈伏。晋大夫阴饴孙到秦和穆公结盟，穆公问他："晋国内部和睦不和睦？"他答道："不和睦！人民失了国君，定要报仇；贵族知道这位国君有对不起秦国的地方，说总应当报答秦国的旧谊。"穆公知道晋国的民气旺盛，终不能把它灭掉，自己挟住了惠公也没有什么用处，就放他回来了；不过一面还派员收取晋国河东地方的赋税，总算把秦国的势力侵入了晋国。惠公回国后，即命太子圉赴秦做抵押品。这时候，晋国几乎给秦国压倒了㊷。

晋太子圉到了秦，穆公为了表示好意，把自己的女儿嫁给他；也许为了制止晋人的反抗，又把侵略的河东地方交还了。后来子圉听得惠公生病，觅一个空逃了回去。惠公去世，子圉即位，是为怀公。惠公在世时就很猜忌那个逃亡在外的他的哥哥重耳，曾派人到狄国行刺，怀公继承了父亲的遗志，下令群臣的亲族们不得跟随重耳，如果过了限期还不回国的治罪无赦。那时狐毛和狐偃二人正从重耳在秦，他们的父亲狐突不召他们回来；怀公把他拘了起来逼他去召，他还是不肯，答道："臣是应当尽忠于君的，我的两个儿子做了重耳之臣好多年了，我不能教他们反叛！"怀公听了生气，把他杀了。这一件事就大失了国内的人心㊸。

且说公子重耳自被献公所迫，逃奔狄国，跟随他的有狐偃和赵衰一班人，都是晋国的俊杰。那时狄人伐同种的廧咎如，掳获了他们酋长的两个女儿叔隗和季隗，狄君把这两个女子都送给重耳，他自己取了季隗，把叔隗配给赵衰。在狄国一住就住了十二年，因为惠公派人来刺，逼得没法，只得留下季隗，逃奔到齐，齐桓公把宗女姜氏配了他㊹。他在齐国有八十匹马的财富，感觉满意，就不想走了㊺。恰值齐桓公去世，国内大乱，狐偃们以为住下去没有意思，不如另图发展，大家聚在桑树底下商量动身的计划。不料有一个婢女正爬在树上采桑，把他们的私话完全听得，就进去告诉姜氏。姜氏不愿泄漏了这秘密，把她杀死，私下对重耳说："晋国多乱，你很有做晋君的希望。你的随从的人们要你离开这里，这是对的。事情该谨慎，我已替你把听得这消息的人杀掉了！"重耳忙分辩道："我在这里很舒服，决不想到别处去！"姜氏力劝他以事业为重，不要这样没出息，他还是执意不听。姜氏便和狐偃同谋，用酒灌醉了他，送上车去。重耳在路上醒了，怒不可遏，拔出戈来赶狐偃，骂道："事若无成，我一定吃你的肉！"狐偃一边逃，一边嚷道："事若无成，我不知道死在哪里，你怎能和豺狼争吃我的肉；幸而事成，晋国的好东西你吃不尽，我的肉是腥气的，你也不必吃了！"于是他们经历曹、宋、郑诸国，来到了楚。楚成王招待他很优厚，有一次在宴会中问他道："你如回到晋国，要用什么来报答我呢？"重耳答道："你所享用的子女和玉帛，是你自己所有的。就是羽毛齿革这种原料，也是出产在你们地方，用剩了的总输送到晋国去。我真想不出有什么东西可以送给你！"楚王道："虽是这样说，你总要给我一个回答。"重耳被逼不过，就爽直地说道："如果靠了你的威灵得回晋国，将来我们两国治兵，在中原相遇的时候，一定避开你三舍之地㊻。倘使我军退了三舍之后还得不到你的停止进行的命令，那么我们只有左手执弓，右手把住箭袋，来和你们周旋了！"楚令尹子玉在旁，听他的说话口气，知道他回国之后必然与楚不利，暗请楚王把他杀了。楚王却大度，说道："如果晋公子真能与楚王不利，那必然是我们自己先不争气。他这个人通达而有文辞，跟随的人又都有才干，这是天之所兴，谁人能把他废掉呢！"㊼

自从晋太子圉逃回本国，秦穆公便和他们父子俩绝了交好，很想提拔重耳为晋君，知道他在楚国，派人把他招来，送了五个女儿给他，晋怀公的夫人怀嬴也在其中。惠公既死，怀公又不得人心，秦穆公就兴兵送重耳回国；晋国的大夫做了内应，迎他即位，是为文公。怀公逃出国都，文公叫人追上把他杀了。晋的国势原已积累了百年的强盛，是一个极有可为的大国，文公多年出亡在外，对于国际形势和治国方术都有深彻的了解，而且还有一班好辅佐在他的手下，而且还有齐桓公霸业的榜样在他的眼前，所以他即位之后，举贤任能，省用足财，造成了极好的政治环境，人民不但富有，而且受了他的训练了，晋国既大治，他的不朽的功业也打稳了厚实的基础[48]。

便在文公元年的冬天，周襄王为了王子带之乱避居郑国，派人向晋、秦诸国告难。秦穆公带兵驻在河上，想送周王回国。狐偃劝晋文公道："你如要做成诸侯的盟主，便没有比帮助天子更说得响的。面前就是一个机会，你赶快去继续你的祖宗文侯的功业罢！"于是文公辞去秦师，向草中之戎和丽土之狄馈送礼物，开了一条东面出兵的道路[49]。他带了二军行到阳樊地方，自己驻下，命右军到温邑去围住子带，左军到郑国去迎接襄王。襄王复位之后，文公到成周朝见，襄王备了盛馔款待他。文公自恃有功，向襄王请求隧葬的典制，想装点自己死后的排场，襄王不愿他僭用天子的礼节，拒绝了[50]；但为了报酬他的大功，把阳樊、温、原、州、陉、䅷、组、攒茅等处的土地一起赐给了他，从此晋国的东南境也到了黄河边上，而且外面是黄河，里面是太行山，占得极好的形势，周室的王畿则又削去了一大块[51]。不幸的，襄王虽把这些地方赐给他，但住在那边的人民多不愿隶属晋国，阳樊和原两邑先后反抗起来。晋文公攻入阳樊，把人民迁到别处去。在他伐原时只预备三天的粮草，哪知过了三天原人还没有投降，文公下令班师，间谍报道："只要再围一二天就下来了！"文公道："出师的时候说是三天的，怎可为了得原而失信！"晋兵刚走了三十里，原人就受了这信义的感动而归诚了。于是文公把原伯迁到别处，命赵衰为原大夫[52]。

那时齐桓公去世已有八年，宋襄公图霸不成，中原无主，所有二三等国家像鲁、卫、郑、许、陈、蔡、曹，全都归附到楚国的卵翼之下。因为齐兵侵鲁，鲁国就向楚请兵伐齐，夺取了齐的谷邑，把齐桓公的儿子雍放在那里，叫易牙辅佐他，做鲁国的后援，又由楚大夫申公叔侯驻兵防守，楚的势力竟伸展到齐了。齐桓公有七个儿子，做了楚国的七个大夫，楚很有支配齐国的力量了。宋国自从襄公死后，虽曾一度服了楚王，但自晋文公即位之后，觉得有了后援，也就背楚归晋。楚人哪肯失掉面子，于是他们兴师伐宋，先围缗邑，接着楚王亲征，带了郑、陈、蔡、许诸国之师又围住了宋都。宋人到晋告急，晋大夫先轸对文公说道："你在出亡中受过宋君的厚惠，现已到了报答他们的时候，而且这是图霸的好机会，我们放不得的！"狐偃也说："楚国刚得着曹国的归附，又新和卫国通婚，我们如果起兵攻打曹和卫，楚兵一定前来救援，这样便可解除了他们对于齐和宋的压迫。"文公自想，回国四年来训练人民，已经可以试一试了，他就校阅军队，建立三军：命郤縠为元帅，带领中军，郤溱为佐；狐毛带领上军，狐偃为佐；栾枝带领下军，先轸为佐；又命荀林父为公车御，魏犨为车右。他又征求秦国的同意，一起出兵，侵曹伐卫以救宋。到了卫地，齐昭公来见文公，两军结盟，约取一致的行动。卫成公希望晋兵放过了他，请求同盟，文公不许，卫侯只得离开了国都；由卫人到文公前去解释道："那位亲楚的国君已给我们赶走了！"鲁僖公本派公子买领兵替卫国守御，这时楚兵救卫不胜，鲁人惧晋，也只得刺杀了公子买，到文公前去解释道："那个助卫的公子买已给我们杀掉了！"然而他们把这一件事通知楚国的时候，却又转换了话头，说道："我们的公子买不能尽他守卫的责任，先逃了，所以把他杀了！"[53]

晋兵攻入曹都之后，楚兵围宋还是很紧，宋国再度向晋文公告急。文公为了齐、秦两国还不肯和楚开战，怕自己的力量不够对付，不敢轻易和楚决裂，非常的踌躇。这时郤縠病死，先轸代为元帅，献策道："我们可以分两方面办去：一方面，我们命宋国送贿赂给齐、秦，请求他们出来代宋向楚求和；一方面，我们又拘住了曹君，把曹、卫的田地赐给宋人，想来楚人爱护曹、卫，一定不肯答应齐、秦的请求，到时齐、秦被楚激怒了，这战事就不会由我们独当了！"文公赞同他，就执了曹君交给宋人。楚成王回驻申邑，也感觉晋国很难对付，就命守齐的申公叔侯离开齐境，攻宋的令尹子玉离开宋国，对他们说道："你们不要尽跟晋国作对罢！晋君在外十九年了，一切的险阻艰难都尝够了，人们的真情和假意也都看透了，这次回到晋国可以说是天意，只要是天意便是我们敌不过的。"子玉怕人家看轻他，坚请一战。楚王很不高兴，只分了少许的兵给他，随他干去。子玉当下派人向晋文公说道："只要你肯让卫侯复国，又把曹国重封了，我们马上可以把围宋的兵解除的。"先轸知道子玉派人来了，又献一策，劝文公暗地里允许曹、卫两君复国，来离间他们和楚国的联络，同时拘了楚使，激怒楚国。文公照计行事，曹、卫两国果然向楚告绝。子玉大怒，发兵追赶晋人。文公实践从前的约言，退避三舍。楚军大众已想止住不追，只有子玉不肯，逼着前行。这时晋、宋、齐、秦四国的军队驻在城濮，楚师追上，背了险阻立营[54]。文公忧虑楚兵占得了优胜的形势，狐偃安慰他道："我们这一仗如能打胜，固然一定可以得到诸侯的服从；就是不胜的话，我们的国家据山临河，处处有险可守，也不怕有什么损失。"文公把他的话斟酌一下，总决定和楚开战。子玉在楚营里已经忍不住了，又派人来向文公说："请你们的部下来同我们玩一下罢，你凭在车栏上看着，我也借此开一次眼！"文公立即答应，说是："我们明天早上见！"当时楚军方面，令尹子玉将的中军，子西将的左军，子上将的右军，和晋国的三军对当。子玉在开战的时候，高兴极了，叫道："今天一定没有晋国了！"那知晋的下军佐胥臣在战马上蒙了虎皮，先向跟随楚国的陈、蔡之师冲去，对方抵挡不住，四散逃奔，一下子楚的右军也就溃散了。晋的上军将狐毛竖了两面大旗，向后退去，表示大将已走，下军将栾枝命每辆兵车后面拖着树枝，卷起了满天的灰尘，表示全军也已退走，楚兵认假作真，追逐过去，不料晋的中军从横里出击，上军又来夹攻，把楚的左军打得一败涂地。只有令尹子玉收住中军，独得不败。楚军匆忙退走，遗下的粮草不计其数，晋军在楚营里吃了三天的粮，总离开这战场[55]。

晋师从城濮凯旋，走到衡雍地方，听得周王要亲来劳军，就在践土造起一座行宫来[56]。郑文公在三个月前曾送兵到楚，现在看见楚兵大败，急向晋国求和，郑、晋之君即在衡雍结盟。周襄王到会，晋文公把胜利品和俘虏——披甲的马四百匹，步卒一千人——献上去，当下由郑文公傅相周王，用了从前周平王接待晋文侯的礼节接待了他。接着周王又命卿士们策命文公为侯伯，赐给他大辂之服、戎辂之服[57]，和彤弓彤矢、卢弓卢矢等物，以及虎贲三百人。天子的使者宣读策命道："天王对叔父说：'你应当恭敬服从我的命令来安定四方的国家；凡是我所厌恶的人，你都应当驱逐他们到远地方去！'"文公三次辞谢，总从命答道："重耳怎敢不再拜稽首来奉扬天子的最伟大的命令！"⑱

这时卫成公听到楚兵大败的消息，非常害怕，就逃奔到楚国；他听得诸侯快要结盟，又赶到郑国去命大夫元咺陪了自己的弟弟叔武去会见诸侯。当诸侯在王庭结盟时，由周朝的卿士王子产领导，盟辞道："大家协力辅助王室，不得互相侵犯！有谁背了这盟，天神降下罚来，使他兵败国亡，子孙老幼统统受到灾祸！"这次盟会是葵丘之会以后的第一次大会，晋、齐、鲁、宋、卫、郑、陈、蔡、莒诸国一齐参加，许多倒向楚国怀里的国家现在又倒在晋文公的怀里了，楚国又和召陵之役以后的情形一样，在中原成了孤立者了⑲。

楚令尹子玉收拾残兵回国，走到半路，楚王派人对他说道："你若回国，怎对得起申、息二县的父老？"子玉只得上吊死了。隔了四年，楚成王见晋国愈强，忍气请和，派大夫到晋聘问，文公也遣使报聘，两国开始通好。自从城濮一战之后，楚国在中原的势力一落千丈，中原诸国反危为安，转散作合，晋文公的功绩竟超过了齐桓公⑳。

不过那时中原诸侯之间还有些不和谐的地方，又赖文公用了霸主的威严把他们镇压住了。当卫成公出亡的时候，曾有人向他说："元咺已立叔武为君，你不必回去了！"那时元咺的儿子跟着他，便被他杀了出气。践土盟后，文公许他复位，他回国时叔武很高兴去迎接他，哪知被他手下人一箭射死。元咺逃奔晋国，把这事根由诉给晋文公。文公召集齐、秦等九国在温地结会，又请了周襄王来，命卫成公和元咺对讼。结果，卫成公失败，文公杀了他的一个臣子，又砍了他的一个臣子的脚，着他们代他受了刑罚，然后把他监禁在王都。元咺回国，另立公子瑕为君。隔了一年，鲁僖公在文公前替他说了好话，文公总许放他。他恨死了元咺，就结了内应，把元咺和公子瑕杀了而后回去。他又怨极了文公，不去朝晋，偏去侵郑，不过五年之后，他究竟给晋国的威力所征服了㉑。

城濮一战，诸侯归晋，只有许国之君不来，郑国的态度也是游移。文公在伐许之后又派狐偃和各国的大夫在翟泉结盟，商量伐郑的计划㉒。又过了一年，文公邀合秦兵同围郑国，晋军驻在函陵，秦军驻在氾南㉓。郑文公感到这严重的压迫，恳求老臣烛之武乘夜缒城，到秦营去做说客。烛之武便向秦穆公说道:"这次秦围郑,郑国知道一定亡了。倘使亡郑竖而有益于秦,那也不妨烦劳你们一下。不过郑和秦并不毗连,秦是不容易越过了晋而占有郑地的,那么你们何必白便宜了晋国?须知晋国越强大,就是秦国越吃亏呵!你现在若肯放下郑国,将来秦的使臣们往来,郑国尽可以做东道的主人,供应一切,于你只有好处。而且我们记得,你从前曾经帮过晋君的忙,晋君答应送给你们黄河南面的五个城,可是他们早上渡过河来,晚上就在那里筑了城池来抵拒你了!他们哪会有满足的时候,若让他们东边并吞了郑国,必然又想西边扩张领土,这除了夺取秦国的地方还去侵略哪一国呢?"秦穆公一听他说的话确实有理,便私和郑国结盟,留下大夫杞子等驻兵在郑国,自己班师回去了。晋文公见秦师不辞而别,也只得退去。自从文公复国以来,晋、秦本很和睦,只为发生了这一回事,两方的心中又起了芥蒂;不过文公顾念旧情,还不愿和秦国开衅㉔。

晋文公年寿不永,回国后只做了九年的君主就去世了㉕。太子骧即位,是为襄公。秦穆公久有经略中原的野心,他就想捉住这一个机会。原来秦大夫杞子们留在郑国很得郑君的信任,连北门上的锁钥也归给他们掌管,他们就派人去对秦穆公说:"只要你暗暗地发兵前来,那时里应外合,一定可把郑国灭掉。"穆公和大臣蹇叔商议这事,蹇叔劝他千万不要轻举妄动,因为经行一千里路程,决不会没人知道的。穆公不听,派孟明等出师。当秦师开拔的时候,蹇叔前去哭送道:"孟明呵,我见得这些军队出去,可是见不得他们回来了呀!"穆公大怒,斥责他道:"你懂得什么!倘使你只享得中寿,你的坟上的树木早已合抱了!"秦军经周到滑㉖,恰巧有两个郑国商人,名唤弦高和奚施㉗,正要到周朝去做买卖,路上遇见他们,知道来意不善,受了爱国心的驱使,弦高便派奚施赶快回国,把这消息报告郑君,一面先送了四张牛皮又送了十二头牛到秦军去,当作犒军的礼物,他就假托郑君的名义对他们说:"敝国的君主听得你们要到敝国,特派我迎上来犒劳诸位,现在就请你们收了这一点小东西,吃一顿饭罢!"郑穆公得到奚施的报告,派人侦察秦大夫的客馆,果然看见他们刀也磨快了,马也喂饱了,车辆也备齐了,便向他们说一番客气话道:"诸位久住在敝国,恐怕带的粮草和牲畜都吃完了吧?听说你们快要回去,我们没有别的礼物相送,只有原圃里养着几头麋鹿,请你们随便取些罢㉘!"杞子们明白自己的阴谋已经泄漏，只得匆忙逃出了郑。孟明探得郑国已有戒备，感到前进也无好处，顺手灭了滑国就回头走了⁶⁹。

秦兵暗袭郑国的消息传到了晋，元帅先轸最生气。他说："秦国不但对于我们的君丧不表悲感，还要趁道机会来伐我们的同姓之国，太无礼了！一天放纵了敌人，就留下几代的祸患，这是容不得的！"他就发命征集姜戎的兵⁷⁰。那时襄公居丧，穿的是麻衣，也就把它涂黑了，一齐出发。秦兵回国，刚走到殽地⁷¹，想不到遭着晋兵的袭击，被他们杀了一个痛快，连孟明等几个将官都给活捉了。襄公的嫡母文嬴是秦国的女儿，向襄公求情道："这班将官败坏了我们两国的邦交，秦君恨不得生嚼他们的肉咧。你不如做个人情，放他们回国去砍头罢！"襄公不敢违背母命，开释了他们。先轸上朝，听说秦师已经放走，气得直抖，也不顾襄公在面前，只管唾骂道："武人们在战场上费尽了力气擒住的敌人，却因妇人家一句话放了！摧毁军心，助长敌焰，我们的国家怕就要亡了！"襄公心中惭愧，派阳处父赶快去追，哪知赶到黄河边上，孟明们已下了船了。阳处父忙把自己车辕下的左马解下，假托襄公的命赠给孟明，想引诱他登岸。孟明乖觉，他只在船头稽首拜谢，说道："承蒙贵国君主的恩典，不把我们杀了涂血在战鼓上，还让我们回本国去领罪。如果敝国的君主正了我们的罪，我们虽死也忘不了贵国的好处；倘使敝国君主看重贵国君主的面子，也把我们赦了，三年之后再到贵国来拜谢赏赐罢！"孟明们回国。秦穆公穿了素服到郊外，对着这残兵痛哭道："我违背了蹇叔的劝告，害你们受了这样大的耻辱，这都是我一个人的罪过，你们有什么不是呢！"他就把他们统统赦免，且命孟明当国为政⁷²。

晋襄公也是一位雄主，他知道他的父亲得霸太骤，而且四围都是强邻，倘不继续努力，必然陷于总崩溃的地步，所以他用了全副精神完成文公未竟之绪⁷³。天助自助者，在他的第一年中就接连得到三次胜利，败秦是首一件，败狄是第二件。先是惠公被秦劫去时，狄人乘机侵晋，夺取了狐厨和受铎两邑，渡过汾水，一直打到昆都⁷⁴。文公即位后，觉得狄患不可轻视，就在三军之外再立三行，命荀林父将中行，屠击将右行，先蔑将左行，用来对付狄人⁷⁵。此后又把三行改作上下二新军，连三军共为五军。不过他虽有这种准备，实际上却不曾同狄人接触过。在他改作五军那一年，狄人围卫，逼得卫国又从楚丘迁到帝丘㊏。到文公去世时，狄人又趁着晋国的丧事，东去侵齐，他们见晋国无甚举动，西还时便来攻晋，打入箕地㊗。可是晋国准备已久，乍一交锋就大败了狄兵，下军大夫郤缺竟擒获了白狄的君主。在这一次战事中，先轸为了曾在襄公面前唾骂失了臣礼，自己责罚自己，除去头盔，冲入狄阵战死。狄失一君，晋失一元帅，战事是怎样的猛烈呵！狄人把先轸的头颅送回，还是虎虎有生气的。襄公十分哀悼他，即命他的儿子先且居继任为中军元帅㊘。

晋襄公既连败了秦和狄，可以经略中原了，那时许国还依附着楚国，襄公就联合了郑、陈两国之师伐许。楚成王发兵救许，先侵陈、蔡两国以牵制晋兵。陈和蔡被侵，向楚求和；楚兵便进郑境，直到他们的都城之下。晋兵救郑，也先侵蔡国以牵制楚兵。楚人回头救蔡，和晋人夹着泜水结营㊙。晋军统帅阳处父胆子小，不敢轻易跟楚开仗，他就设下一计，派人向楚帅令尹子上说道："我们两方在河的两岸顿兵不动，总不是个办法。你们如果真的要战，我们可以退兵三十里，让你们渡过河来；否则你们退兵，我们渡河也好。"楚人怕在半渡的时候遭敌方的袭击，就自动退兵三十里，待晋兵渡河。阳处父一见楚人中了计，就扬言道："楚兵逃走了！我们也走罢！"子上见晋兵走了，也只得率师而回。楚成王听信谗言，认为他受贿辱国，把他杀掉。所以这次晋、楚争许，结果又被晋国占了便宜㊚。

只隔了一年多，秦穆公想洗雪他的失败的耻辱，又命孟明率师伐晋。晋襄公亲自抵御，在彭衙开战㊛。晋将狼谭带领所部直冲秦阵，力战而死，大军随后追去，又把秦兵打得大败。晋人嘲笑他们，说这是秦国的"拜赐之师"。孟明第二度丧师回国，秦穆公依旧重用他，他励精图治，切望得着最后的胜利。又隔了一年多，穆公自己领兵伐晋，为了表示他不胜不回的决心，渡过黄河就把渡船烧了。晋人知道他们这一次的来势利害，便改采守而不战的策略。秦人夺取了晋的王官和郊两处地方，又从茅津渡河，封埋了死在殽地的秦国军人的尸骨，总回国去㊜。穆公这次伐晋得了胜利，西戎诸国都来归服，他又灭掉十二个戎国，开拓了一千余里的土地，虽说他终于没有达到称霸中原的雄心，可是已经实做了西戎的霸主了㊝。

晋文公的主要功绩是城濮之役遏住了楚国，使他们不得向北发展。晋襄公的主要功绩是殽之役遏住了秦国，使他们不得向东发展。有了他们父子，春秋时的中原诸国总获得休养生息的机会，总渐渐孕育了后来诸子百家的灿烂文化。而且秦、晋两国又有同样的成就，秦的成就是融化了西戎，晋的成就是融化了狄人。戎、狄本是游牧部落，他们的生活很简陋，对于中原文化只会摧残，不能享用。秦、晋两国都费了长期的心思和劳力去经略他们，名义上是把这些部落一个个的剪灭，而实际上却是把全部戎、狄民众的文化提高了，好使他们和中原民众站在平等的地位。到战国时就再没有所谓"华夏"和戎、狄的区别了。更说秦国，他们固然在春秋时吃了晋人的亏，出不得殽、函的大门，但他们从此养精蓄锐，努力开发西北和西南，自从战国时北面得着义渠，南面得着巴、蜀，富力日增，形势日利，就完成了统一寰宇的大事业，这也是他们应当向晋人道谢的。倘使晋国守不住这一重门户，秦国可以东向争取诸侯，那么无非使得春秋时代添上了一个混战的主力，而秦的国力也就消磨在和列强对垒之中了，还哪会有秦始皇的光荣历史永远留在我们的记忆里！

注释：

①依《史记·十二诸侯年表》。秦襄公列为诸侯是周幽王十一年事；晋昭侯封成师于曲沃是周平王二十六年事；曲沃武公灭晋，王命之为晋侯是周僖王三年（即鲁庄公十五年）事。故秦、晋两国均可谓为东周之新国家。

②此故事与《商颂》等书所记商王祖先之神话绝相类。按嬴姓之国如奄、徐、郯、葛、江、黄均在东方，疑此为东方人所共有的神话，原不限于商王之一族也。颛顼与嬴姓关系究竟如何虽不可知，而卫都帝丘（今河北濮阳县西南），其地为颛顼之虚（见《左氏》昭十七年传），亦在济水流域，则颛顼为东方之古帝王可知。

③《国语·郑语》云"嬴，伯翳之后也，……伯翳，能议百物以佐舜者也"，可做此说之佐证。翳与益声近相通，故《孟子》记治水事云"舜使益掌火，益烈山泽而焚之，禽兽逃匿"（《滕文公上篇》）；《尧典》亦云："帝（舜）曰：'畴若予上下草木鸟兽？……俞，咨益，汝作朕虞！'"所谓山泽、草木、鸟兽，即《郑语》之"百物"也。

④《孟子》云："周公相武王诛纣，伐奄三年讨其君，驱飞廉于海隅而戮之。"(《滕文公下篇》)此说若信，则其父子并为周人所杀。

⑤汉西河郡有皋狼县。今山西离石县西北有皋狼故址。

⑥赵城在今山西赵城县。造父之裔赵氏即晋卿赵衰、赵盾之族，后为赵国者。

⑦犬丘在今陕西兴平县。汧水发源今甘肃清水县，东南流至今陕西宝鸡县入渭水。汧、渭之间，即今清水、宝鸡一带地。秦，今甘肃清水县东北之秦亭，秦之为号始于是。雷学淇《竹书纪年·义证》云："秦在岐周之西二百余里，实圻内之地，所谓'元士受地视附庸'，非封之也。故文公云：'邑我先君秦嬴于此，后卒获为诸侯。'……盖孝王邑非子于秦，使奉嬴氏之祀，后人荣之，故曰'秦嬴'。嬴本伊之姓，非此时赐以嬴姓而封之也。后世谓孝王封非子者误。"(卷二十三)此说甚是，故今从之。

⑧本段根据《史记·秦本纪》。雷学淇《竹书纪年义证》云："造父之先皆以执御幸于天子，费昌为成汤御，中衍为太戊御，造父为穆王御，造父六世孙奄父亦为宣王御以脱千亩之难（按：此见《史记·赵世家》），一艺之精，古人亦世其传如此。"(卷二十一)按：据此似可猜测秦、赵之先为游牧部落。

⑨秦文公迁居汧、渭之会，《史记》未详其地。张守节《史记·正义》以为在今陕西郿县，然郿县在宝鸡、岐山两县之东，实非汧、渭之会，且与秦境东界至岐不合，其说非是。

⑩当时陕西境内戎人之称王者有丰王、亳王等，俱见《秦本纪》。荡社，一作汤杜，《史记·索隐》引徐广曰："言汤邑在杜县之界，故曰汤杜也。"《史记·正义》引《括地志》曰："雍州三原县有汤陵，又有汤台，在始平县西北八里。"按前说在渭水之南（杜县在今长安县东南），后说在渭水之北（始平即今兴平县），盖戎人文献无征，诸家以意为说耳。荡氏，地亦无考。

⑪彭戏氏，戎号，《史记·正义》以为"同州彭衙故城"。按彭衙故城在今陕西白水县东北。邽戎地在汉为陇西郡上邽县，今为甘肃天水县，冀戎地在汉为天水郡冀县，今甘肃甘谷县。

⑫杜国在今陕西长安县东南。郑国在今陕西华县西北。《汉书·地理

》，京兆尹有郑县及杜陵县。

⑬西虢本在今陕西宝鸡县东，小虢亦在宝鸡境内。

⑭本段亦据《史记·秦本纪》。

⑮雍，在今陕西凤翔县南，秦建都于此最久，其地正当汧、渭之会。

⑯茅津，在今山西平陆县西南。河曲，当即今山西之风陵渡。

⑰本段亦据《史记·秦本纪》。

⑱唐为古国，晋为大国，然其当时封域至难确定。依一般人所承认者，在今山西太原县北。然霍山以北，自晋悼公后始开县邑，前此乃狄人之所居，非晋人所得而有。故颜师古《汉书注》引臣瓒说，以为唐在永安（即今霍县），非晋阳（即今太原县），颜氏亦以瓒说为然（见《地理志》太原郡晋阳下）。顾炎武《日知录》据《左传》"命以《唐诰》而封于夏虚"（定四年），服虔曰"大夏在汾、浍之间"，而翼城正在汾、浍二水间；又《史记》曰"唐在河、汾之东"（《晋世家》），而翼城正在河、汾二水东，晋阳则在汾水西，因疑唐叔之封以至侯缗之灭并在于翼（卷三十一"唐"条）。其说洵有理由，然终无以解释晋之国号。晋者晋水也，源出今太原县西南，东流入汾水；其水甚小而他水更无同名者。如燮父所迁之晋确在晋水之旁，则唐在太原北之旧说尚可维持。或始封在此，其后以戎、狄之逼乃南迁于翼，自悼公以下又恢复其故土乎？姑存疑于此。

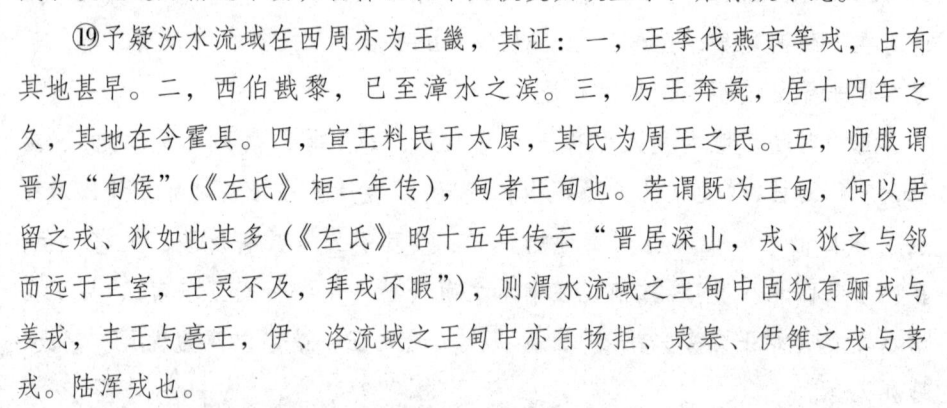

⑲予疑汾水流域在西周亦为王畿，其证：一，王季伐燕京等戎，占有其地甚早。二，西伯戡黎，已至漳水之滨。三，厉王奔彘，居十四年之久，其地在今霍县。四，宣王料民于太原，其民为周王之民。五，师服谓晋为"甸侯"（《左氏》桓二年传），甸者王甸也。若谓既为王甸，何以居留之戎、狄如此其多（《左氏》昭十五年传云"晋居深山，戎、狄之与邻而远于王室，王灵不及，拜戎不暇"），则渭水流域之王甸中固犹有骊戎与姜戎，丰王与亳王，伊、洛流域之王甸中亦有扬拒、泉皋、伊雒之戎与茅戎、陆浑戎也。

⑳解见注⑱。《今本竹书纪年》云，康王九年，"唐迁于晋"。

㉑郑玄《毛诗谱》云："成侯南徙居曲沃，近平阳焉。……穆侯又徙于绛云。"（《毛诗疏》卷六之一）按《汉书·地理志》河东郡闻喜下云"故曲沃，晋武公自晋阳徙此"，武公谓燮父之子武侯，为成侯之父，郑与

班异，未知其何据而云然。郑氏所谓穆侯迁绛，亦不得其出处。《水经注》承之，云："按《诗谱》言，晋穆侯迁都于绛。暨孙孝侯，改绛为翼。"（《浍水篇》）《今本竹书纪年》，宣王十六年"晋迁于绛"，疑亦本此。此说固无坚强之证据，惟《左氏》隐五年传云"曲沃庄伯以郑人、邢人伐翼，……翼侯奔随"，隐六年传云"翼九宗五正……逆晋侯于随"，桓二年传又追记云"惠之四十五年，曲沃庄伯伐翼，弑孝侯"，知东周初年晋国实都于翼，曲沃既大，两都对立，嫌称晋之无别也，故即以都邑之名呼之。然彼时人于曲沃必曰曲沃，而翼则有时仍其旧称曰晋，犹商与殷之信口而歧出焉。晋都于翼，必有其始，既不能得确证，惟有姑沿《诗谱》之说。翼，今山西翼城县。

㉒见《左氏》桓二年传。按《今本纪年》于宣王三十八年云"王师及晋穆侯伐条戎、奔戎，王师败绩"；三十九年云"王师伐姜戎，战于千亩，王师败逋"；四十年云"晋人败北戎于汾、隰"。按此三条系依傍《周语》及《后汉书·西羌传》为之，惟《西羌传》但云"王伐条戎、奔戎"，未言与穆侯联师耳。条为条戎，作者虽出推测，似犹可信。败绩于条戎而名子曰仇，败戎于汾隰而名子曰成师，亦颇密合，故今从之。条，高士奇《春秋地名考》谓安邑有中条山，鸣条陌，即此。千亩，杜预《左传集解》谓在西河介休县南。

㉓《尚书·文侯之命篇》，解者有两说。《书序》云"平王锡晋文侯秬鬯圭瓒，作《文侯之命》"，则此篇为平王命文侯。《史记·晋世家》云"晋文公……献楚俘于周，……天子使王子虎命晋侯为伯，……因作《晋文侯命》"，则此篇为襄王命文公。按《左》僖二十五年传，狐偃怂恿文公"继文（文侯）之业"，二十八年传，文公献楚俘，郑伯傅王，"用平（平王）礼也"，可知文公既模仿文侯，襄王亦模仿平王，而四人之遭际又绝似，此篇之属于谁何实有未易断言者。然篇题既为"文侯之命"，自以属之文侯为当，故今不从《史记》之说。秬，黑黍，与鬯草同为酿酒之用。彤，红色。卢，黑色。

㉔曲沃与晋人之关系，依《左传》及《晋世家》所载，大略如下：那时晋昭侯都翼，成师都曲沃，号为曲沃桓叔。曲沃的城邑比翼还大，桓叔又很会做人，晋国的人民归附他的就很多。昭侯七年，晋大臣潘父杀了昭

侯，迎桓叔为君。可是晋人也有不附桓叔的，他走到半路给反对党打败了，只得退回曲沃去。晋人立昭侯子平为君，是为孝侯。桓叔死后，子鱓继位，是为曲沃庄伯。孝侯十五年，庄伯到翼，把他杀了。晋人不愿奉庄伯为君，把他攻走而立孝侯子郄，是为鄂侯。鄂侯六年，曲沃庄伯联合了郑、邢两国之师伐晋，周桓王也做人情，派兵帮助曲沃。鄂侯受这强力的压迫，只得逃奔到随。不久曲沃背叛周室，桓王又派虢公前去讨伐，立鄂侯的儿子光为晋君，是为哀侯。次年，翼的大族在随地迎接旧晋君，把他送入鄂邑。那时晋国是鄂侯、哀侯父子并立。庄公死了，子称继位，是为曲沃武公。哀侯八年，晋侵陉庭（翼南鄙之邑），陉庭和曲沃武公合谋，伐晋于汾水岸上，把哀侯掳走。晋人立哀侯子小子为君，是为小子侯。小子侯元年，曲沃武公把晋哀侯杀了。四年，曲沃武公又把小子侯骗去杀了。周桓王帮定了晋，命虢仲带领芮、梁、荀、贾四国之师去伐武公，武公回走曲沃。晋人立哀侯弟缗为君，苟延了二十八年，曲沃武公到底把他灭了。为了不敢得罪周朝，他尽把晋国的宝器送给周僖王，得着僖王的承认。

㉕本段根据《左传》隐、桓、庄三篇及《史记·晋世家》，余见本篇注⑱—㉔。

㉖见《左氏》庄二十三、二十四、二十五年传。

㉗见《左氏》庄二十八年传。

㉘见《左氏》闵元年传。耿，在今山西河津县南。霍，在今山西霍县西。魏，在今山西芮城县东北。车御、车右，古者出师，将居中，发号令，左为御，驾驭车马，右为右，执兵以战，均为重要之职务。毕万之后，为晋卿魏氏。晋献此举即伏后来三家分晋之根。

㉙见《左氏》闵二年传，惟传中未言此次战事之结果。《晋语》一则云"申生胜狄（皋落氏）而反"，又云"果败狄于稷桑而反"，足见其胜利。

㉚晋献公灭国之确数不详。《左氏》襄二十九年传，记女叔侯语云："虞、虢、焦、滑、霍、杨、韩、魏，皆姬姓也，晋是以大。若非侵小，将何所取。武、献以下，兼国多矣，谁得治之！"此文中所举之焦乃灭于虢而晋间接取之者，滑乃灭于秦而晋间接取之者；虞、虢、霍、魏之为晋

献所灭，明见《左传》。尚有杨与韩未知何时所灭，杨在今山西洪洞县东南，地近于霍，韩在今陕西韩城县南，地近于耿，亦有为晋献所灭之可能，盖献公以前，曲沃未大，其所积极对付者翼而已，献公以后，《左传》记载甚详，如有新灭之国固不容不记也。又昭元年传记子产语云："台骀能业其官，宜汾、洮，障大泽，以处大原；帝用嘉之，封诸汾川。沈、姒、蓐、黄，实守其祀，今晋主汾而灭之矣。"此沈、姒、蓐、黄四国皆在汾水流域，亦不审其何时为晋所灭。又桓九年传云"虢仲、芮伯、梁伯、荀侯、贾伯伐曲沃"，其后芮与梁灭于秦，贾与荀亦为晋大夫狐氏与原氏之食邑，知灭之者晋，而不知其何时所灭，贾在今陕西蒲城县西南，荀在今山西绛县境。又僖二年传记荀息假道于虞之辞云"冀为不道，伐鄍三门"，鄍为虞邑，是当时曾有伐虞之翼，此国亦不知何时亡于晋，以为郤氏之食邑，地在今山西河津县东。总上所述，晋灭之国，韩与贾皆在河西；焦、虢、滑，皆在河南；冀、耿、魏、虞、荀，皆在河东；杨、霍、沈、姒、蓐、黄，皆在汾水之旁；加以周王所赐之南阳与晋人积渐开拓之狄土，晋遂为一极大之国家。

㉛见《左氏》桓九年传及庄二十六年传。
㉜虢之险要，一为崤、函，即函谷关，在今河南灵宝县；一为桃林之塞，即自函谷关至潼关之地，在今河南阌乡县。
㉝"屈产之乘"，《左氏》杜《注》及《谷梁传》范《注》均以为屈邑所产之马，《公羊传》何《注》则以屈产为出名马之地。今山西石楼县东南有屈产泉，似以何休说为是。垂棘，所在未详。虢在虞南，晋在虞北，故晋伐虢须假道于虞。
㉞下阳，在今山西平陆县东北。
㉟本段据《左氏》僖二年、五年传，《史记·晋世家》。
㊱蒲，在今山西隰县西北。屈，在今山西吉县东北。曲沃为宗庙所在，蒲与屈为国防重镇。
㊲见《左氏》僖二十四年传。
㊳狄国，但知其东境至卫，西境至秦，不详其国都所在，盖狄系行国，无固定之国都也。梁国，在今陕西韩城县南。
㊴本段根据《左氏》庄二十八年，僖四年、五年、六年、九年传及

《晋语一》。

㊵《左氏》僖十五年传云："赂秦伯以河外列城五，东尽虢略，南及华山，内及解梁城。"杜预《注》云："河外，河南也。东尽虢略，从河南而东尽虢界也。解梁城，今河东解县也。"是五城虽在河南，而其所辖之地有在河北者（解梁），有在渭南者（华山），实不止于河南。五城之名，此年传未言，僖三十年传则言其二：曰焦、曰瑕。焦在今河南陕县南，即虢都。瑕，顾炎武《日知录》云："文公十三年'晋侯使詹嘉处瑕以守桃林之塞。'按《汉书·地理志》：'湖，故曰胡，武帝建元年更名湖。'《水经》'河水又东迳胡县故城北'，郦氏《注》云：'《晋书·地道记》《太康记》并言胡县，汉武帝改作湖；其北有林焉，名曰桃林。'古瑕、胡二字通用。《礼记》引《诗》'心乎爱矣，瑕不谓矣。'郑氏《注》云：'瑕之言胡也。'瑕、胡音同，故《记》用其字。是瑕转为胡，又改为湖，而瑕邑即桃林之塞也，今为阌乡县治。"（卷三十一"瑕"条）其说甚是。

㊶韩原，旧说在今陕西韩城县西南。江永据《左传》文"涉河，侯车败"，谓秦军涉河而晋侯车败，又"晋侯曰：寇深矣"，知其不在河西，其地当在今山西河津与万泉两县间也。

㊷本段据《左氏》僖九年、十年、十三年、十四年、十五年、十七年传。

㊸本段据《左氏》僖十七年、二十二年、二十三年、二十四年传。

㊹重耳之所以去狄入齐，《左氏》僖二十三年传及《晋语四》俱未言，而僖二十四年传则记文公让寺人披之言曰："余从狄君以田渭滨，女为惠公来求杀余，……夫袪犹在。"可知其故。

㊺传文云："有马二十乘。"杜《注》云："四马为乘，八十匹也。"按《礼记·曲礼下》云："问庶人之富，数畜以对。"可知以畜论富，当时自有此风俗。然《典礼》谓问庶人之富乃以此对，则殊不可信。观《鄘风·定之方中》为咏卫公室之诗而云"騋牝三千"，则知问国君之富固亦然矣。

㊻韦昭《国语注》云："古者行三十里而舍，三舍为九十里。"

㊼本段据《左氏》僖二十三年传、《晋语》。按狐偃等必欲重耳去齐之原因，《左传》未言，《晋语》则言之甚晰，一以齐桓公卒，诸侯叛齐，狐

偃知不可因齐以求返国，故欲他往；一以晋无宁岁，民无成君，献公之子九人惟重耳在，固当享有晋国，时不可失也。又按《左传》与《国语》皆记重耳经行卫、曹、郑三国时，不为其君所礼遇，此但观重耳复国后侵曹、伐卫、围郑，以为报旧怨，故遂造作此等故事耳。然原其所以讨伐之故，则僖二十七年传中固已明记狐偃之言曰“楚始得曹而新昏于卫，若伐曹、卫，楚必救之，则齐、宋免矣”，可知此实为攘楚之一种策略，与出亡时之待遇无关也。至于围郑，僖三十年传亦明言其二于楚；若以为无礼于亡公子，则春秋之世郑之受侵伐者多矣，宁能悉以私怨解之耶？又按重耳出亡经行路线，为由晋至狄，由狄经卫至齐，由齐经曹、宋、郑至楚，由楚至秦，由秦复国。《晋语四》谓其自齐过卫，自卫过曹，亦误。

㊽本段据《左氏》僖二十三年、二十四年传，《晋语四》。按重甚由楚至秦，《左传》云“乃送诸秦”，是谓出楚成王意；《晋语四》云“于是怀公自秦逃归，秦伯召公子于楚”，是谓出秦穆公意。以当日情势度之，似以《晋语》为信。盖晋国已立怀公而秦伯犹强纳文公，怀公初立，重耳在秦，即以子从亡人之罪杀狐突，可见两方相煎之急剧，而惠公背赂，怀公逃归，皆足以激秦穆公之愤也。

㊾《晋语四》云：“乃行赂于草中之戎与丽土之狄以启东道。”韦《注》：“二邑戎、狄，间在晋东。”按其经行路线，此二邑当在析城、王屋一带。

㊿此事见《左氏》僖二十五年传，亦见《晋语四》与《周语中》。杜《注》云：“阙地通路曰隧，王之葬礼也，诸侯皆县柩而下。”韦《注》引贾逵《注》亦云：“隧，王之葬礼，开地通路曰隧。”韦昭则以为隧即《周礼》六乡六遂之遂。然《晋语四》云：“王章也，不可以二王。”（《左氏》文略同）可见此制惟天子有之，而乡遂之制则列国所共有（《书费誓》云“鲁人三郊三遂”），当以解为葬礼为善。

(51)《左氏》僖二十五年传云“与之阳樊、温、原、攒茅之田，晋于是始启南阳”，仅四邑也。《晋语四》则云“赐公南阳：阳樊、温、原、州、陉、𫄨、组、攒茅之田”，凡八邑。按《隐》十一年传云“王……与郑人苏忿生之田：温、原、絺、樊、隰郕、攒茅、向、盟、州、陉、隤、怀”，凡十二邑。杜《注》云“攒茅、隤，属汲郡，余皆属河内”，即今河南省内太行以南黄河以北之地。以之相较，则《晋语》所录多一组而无隰郕、

向、盟、隤、怀。盖先与郑而郑未能取，继与晋而晋能有之。又按《春秋》僖十年经："狄灭温，温子奔卫"，更知地与狄邻，非强有力者不足以守也。

(52)本段据《左氏》僖二十五年传及《晋语四》。

(53)本段据《左氏》僖二十六年、二十七年、二十八年传。

(54)城濮，卫地，在今山东濮县南，一云在今河南陈留县。

(55)本段据《左氏》僖二十八年传。楚令尹子玉之名为成得臣。子西之名为斗宜申。子上之名为斗勃。

(56)衡雍，郑地，在今河南原武县西北。践土，亦郑地，在今河南荥泽县西北。

(57)大辂，祭祀时所乘车。戎辂，出师时所乘车。依《周官·司服》，祭祀先公则鷩冕，兵事则韦弁服。

(58)本段据《左氏》僖二十八年传。

(59)本段据《春秋》僖二十八年经及是年《左氏》传。

(60)本段据《左氏》僖二十八年、三十二年传。楚师多申、息子弟，故楚王责子玉，以申、息父老为言。

(61)本段据《左氏》僖二十八年、三十年、文元年、二年、四年传。

(62)翟泉，在今河南洛阳县之洛阳故城中。

(63)函陵，在今河南新郑县北。汜有二，襄王出居者为南汜，在今河南襄城县南，此"汜南"为东汜，在今河南中牟县。

(64)本段据《左氏》僖二十八年、二十九年、三十年传。

(65)晋文公之年寿有二说。其一，《晋语四》云"晋公子生十七年而亡"；《左氏》昭十三年传云"生十七年，有士五人，……亡十九年"，依其说，则生于晋献公六年，即鲁庄二十三年，归国时年三十六，卒时年仅四十四。其二，《史记·晋世家》云："献公即位，重耳年二十一。……献公二十二年，……奔狄，……是时重耳年四十三。……出亡凡十九岁而得入，时年六十二矣。"依其说，则生于晋侯缗十年，即鲁桓十五年，卒时年已七十。两说相较差距至二十六年。后人以《史记》疏年独详，多从其说，然终不审《史记》之说从何而来。近陈槃恒女士作《晋文公生年志疑》（《春秋史事考异》之一篇），立八证以明《史记》之说之非，今从之。

⑥⑥滑国，在今河南偃师县南。

⑥⑦《左传》仅出一弦高，然云"且使遽告于郑"，则必有别一商人返国报告可知。《吕氏春秋·悔过篇》出此人之名为奚施，今从之。

⑥⑧原圃，郑国园圃之名。

⑥⑨本段据《左氏》僖三十二年、三十三年传。

⑦⑩姜戎，四岳之裔，陆浑戎之一种，本居瓜州，为秦人所迫逐，归于晋，惠公赐以南鄙之田，遂供晋之军役。见《左氏》僖二十二年、襄十四年、昭九年传。

⑦①殽，在今河南洛宁县境。

⑦②本段据《左氏》僖三十三年传。

⑦③《左氏》成十六年传记士燮之言曰："吾先君之亟战也有故，秦、狄、齐、楚皆强，不尽力，子孙将弱。"此言道出文、襄二公之心事。

⑦④狐厨，在今山西襄陵县西。受铎，未详。昆都，亦未详，当在今山西临汾或洪洞县境。

⑦⑤古者惟天子立六军。晋避六军之名，故于三军外立三行。三军有佐，三行无佐。

⑦⑥帝丘，在今河北濮阳县西南，当卫旧都楚丘之东。

⑦⑦箕，旧说在今山西太谷县。顾炎武谓太谷当襄公时尚未为晋有。以成十三年传吕相绝秦"入我河县，焚我箕郜"之语据之，必为边河之邑，故秦、狄之师皆可以至（《日知录》卷三十一"箕"条）。

⑦⑧本段据《左氏》僖十六年、二十八年、三十一年、三十三年传。

⑦⑨泜水，出今河南鲁山县东，经襄城及舞阳县入汝水。

⑧⑩本段据《左氏》僖三十三年传。

⑧①彭衙，见本篇注⑪。

⑧②王官，在今山西闻喜县西。郊，未详，《秦本纪》作鄗。茅津，见本篇注⑯。

⑧③本段据《左氏》文二年、三年传以及《史记·秦本纪》。按文二年冬，晋会宋、陈、郑伐秦，报彭衙之怨，取汪及彭衙而还；文四年秋，晋伐秦，围邧及新城，报王官之怨。以其与大局无甚关系，故略之。秦穆益国十二，时纵横家言，故不录。

楚庄王的霸业

　　楚人称说自己的始祖叫作祝融，曾做高辛氏火正的官。祝融的后裔分为六姓，最末的一姓是芈，就是楚国的姓。芈姓的第一代始祖叫季连，季连的后裔有个叫鬻熊的，做周文王的臣子。三传到熊绎，他受了周成王的封，立国于丹阳，那就是楚国的第一代君主。

　　楚是商朝时的国家，大约他们本来住在现今的山东、河南两省之间。周公东征之后，迁到西面去了，立国在丹阳。丹阳是当丹水、淅水交流之处。

　　五传到熊渠，当周夷王时，兴兵伐庸和扬越，一直到鄂，封他的长子康为句亶王，次子红为鄂王，幼子执疵为越章王。

　　周宣王时，召穆公平定南方，开辟疆域甚广，楚人在那时受了一次大压迫，被逼南迁到荆。若敖、蚡冒等君"筚路蓝缕，以启山林"，重新经营起来。

　　到楚武王时渐渐复兴起来。武王名熊通，是熊渠的十一世孙。

　　当春秋开始，黄河流域诸国正在钩心斗角的时候，楚就勃然强盛起来了。郑是春秋初年的强国，但对于楚国已发生畏惧之心了。楚武王起兵侵随，先派人到随国去议和，自己驻在瑕地等候。随国也派了一位少师前来议和。楚国的大夫斗伯比对楚王说道："我们所以不能在汉东得志的缘故是我们自己造成的。我们张大了武备去恐吓他们，他们自然害怕了要联合起来对付我们，弄得我们现在没法使他们离散。但是汉水东面的国家以随国为最大，随国倘若自大起来，必定丢开了其他小国；小国分离，正是楚国的利益。现在随国派来的少师是个很骄傲的人，我们可以故意把老弱残兵陈列出来去哄骗他，让他们上我们的当。"楚国另一个大臣熊率且比听了斗伯比的话，驳道："随国有个季梁，是个很有智谋的人，这套计策恐怕骗不倒他吧。"斗伯比说："我们用这个计策是为日后打算。要知道少师是随君的宠臣，随君很听他的话呀。"楚王用了斗伯比的计策，故意把军容毁坏，然后请少师进来。少师一见楚兵瘦弱，回去便请随侯起兵追赶楚师。随侯正在听他的话，季梁果然出来劝谏道："老天爷帮楚国的忙，楚的势头正盛，他们是故意示弱，哄骗我们呢！"随侯听纳了季梁的话，便止住了。在斗伯比的话里，我们可以看出那时南方的形势是楚国独强。勉强能与楚国对抗的，只有随国。随国联合了汉水东面的诸小国做楚国的敌人，所以楚国汲汲地要想打服他。他们所用的政策，是先离间汉东诸小国与随的联结。

过了两年，楚国联合南方诸侯在沈鹿地方盟会，只有黄、随两国不来。楚武王派䓕章去责问黄国，自己带了大兵去伐随国，驻兵在汉水、淮水之间。季梁劝随侯与楚国讲和，少师却对随侯说道："我们快动手的好！不然，楚兵又要像前次一样的逃走了。"随侯听了少师的话，便起兵和楚国开战。在速杞地方被楚兵打得大败，随侯步行逃走，楚国俘获了随侯的兵车，把车右少师杀死。于是随国只得服从楚国了。

不久，楚国又开辟了濮地，打败了邓国和郧国、绞国的兵，声势更是不可一世。不料就在这时吃了一回亏：原来是罗国有意对楚挑衅，楚国起兵伐罗，在屡胜之后，轻看了敌人，被罗国联合了卢戎，打得大败。

楚国虽然败了这一次，但是实力并不损伤。后来楚武王又造了一种阵法，在军队中参用戟队，叫作"荆尸"，起来伐随，不幸他在半路上死了。军中几个大官把他丧事按住，开辟了行军的直道，在溠水上面搭了桥，领兵直逼随国，随人大惧，又同楚国讲和。莫敖、屈重假托了王命到随国和随侯结盟，并要求结盟于汉水的西面。事情办好，班师回国，渡过汉水，然后发丧。在这里，我们又可以看出楚人是怎样的尚武力征。他们肯这样努力经营，所以能成为南方的伯主。

武王的儿子熊赀即位，是为文王。他联合巴国伐申，又灭了息、邓等国，攻入了蔡国，势力骎骎北上，从此成了中原诸侯的大患。当齐桓公称霸的时候，楚的势力已到中原，伐了郑国。隔了两年，巴国伐楚，楚文王起兵抵御，因有内乱，打了一个大败仗。回国时，管城门的官吏鬻拳不肯开门，硬逼文王再去伐黄，把黄国的兵伐败，保全了楚的声威。文王回国，在半途得病去世。鬻拳把他葬在夕室，也自杀了。文王的儿子熊艰即位，即为堵敖，被他的弟弟熊恽杀死。熊恽即位，是为成王。成王四年，开始派使聘问鲁国,这是楚与东方诸侯交通之始。成王最倒霉,初年碰到一位齐桓,晚年碰到一位晋文,他一生没有吐气扬眉。

斗谷于菟(子文)为令尹,他是一个很能干的人,他见当时楚国内乱未定,就自己毁了家来安定国难。楚国得了这样的贤臣,就格外强盛了。

楚再起兵伐郑,齐桓公邀诸侯在荦地盟会,图谋救郑。过了三年,齐桓公便联合了鲁、宋、陈、卫、郑、许、曹等国的兵侵蔡伐楚,行到现今河南的中部。成王料不到来了这些人马,恐怕敌不过,便派屈完到军营里讲和,诸侯之师退了。但隔不了几年,楚就灭了黄国。黄国的君是和齐桓公同盟的,但到这时齐桓公也束手无策了。

齐桓公死后,中原诸国大都趋于楚成王的旗帜之下,共同威胁宋襄公。宋襄公在鹿上地方邀齐、楚两国结盟,向楚国请求诸侯,楚人假意允许了他。到了这年秋天,楚和郑、陈、蔡、许、曹诸国在盂地邀宋结会,宋襄公自矜信义,没有带兵同去,楚人就捉了他来伐宋国。后来楚和诸侯在薄地结盟,才把襄公释放。后来宋襄公又因郑君到楚朝见,又去伐郑,楚人就起兵伐宋以救郑,楚和宋在泓水开战,宋兵大败,襄公受伤,过半年就死了,宋只得服属于楚了。

宋兵败后,楚师凯旋,经过郑国,郑文公派他的夫人芈氏到柯泽地方慰劳楚王。楚王命乐师陈列从宋国得来的俘虏和砍下的敌人耳朵给郑夫人看,借此表示楚国的兵威。郑君又请楚王到国内来,招待他的礼数甚是隆重。夜里楚王回营,郑夫人又带了眷属去相送。楚王好色,顺手选了郑君的两个女儿带回国去,实在是他自己的外甥女呢。

宋襄公去世后,楚国又派大将成得臣(子玉)带兵伐陈,责备他有二心于宋国的罪,夺取了陈国的焦夷地方,又替陈国的敌人顿国筑了城,借以逼迫陈国。子玉得胜回国,令尹子文因他有功,就把自己的令尹位子让给了他。

晋文公勤王之后,积极向外发展势力,先联合秦国去打近楚的鄀国。秦兵乘势攻入楚境,破了楚邑商密,俘获了楚将申公子仪和息公子边回去。宋国在这时背楚投晋,于是楚兵先伐宋国,围困缗邑。随后楚王亲征,带了郑、陈、蔡、许诸国的兵围宋。宋向晋告急,于是晋文公建立了三军,先去侵新附楚的曹,再去伐和楚通婚的卫;末了联合了秦、齐之师和楚军在城濮开战，把楚军杀得大败，从此以后，逼得楚国的势力退出了中原。

晋文公去世后，楚和晋就争起许和郑来。稍后，楚又起兵围困江国，晋将先仆领兵伐楚以救江。晋又把楚侵江的事报告周王，周王派了王叔桓公会合晋将阳处父再伐楚国。晋兵在方城地方攻城，遇到楚将息公子朱的兵，阳处父仍不敢轻易与楚开战，就班师回国，江国终究被楚灭掉。不久，楚师又灭了六和蓼两国。在晋的全盛时代，楚的声势也并不衰息。

晋襄公死后，国内发生了晋立嗣君的争乱。后来立了夷皋，是为灵公。因他年纪幼小，由赵盾摄政，但内部又常有变乱。楚人看了这种情形，便跃跃欲试了。楚大夫范山对楚穆王说道："晋君年轻，其意不在诸侯，北方很有可图的机会。"穆王听了他的话，就起兵伐郑，俘获了郑将公子坚、公子龙和乐耳，郑国只得与楚讲和。晋赵盾带领鲁、宋、卫、许诸国的兵救郑，没有赶上楚兵，就作罢了。不久，楚国又起兵侵陈，占领了壶丘地方。楚将公子朱又从东夷伐陈，被陈兵杀败，楚将公子茷被俘；陈国有此战功，反而害怕起来，与楚讲和。那时蔡国也归附了楚国。于是楚王邀合了郑伯、陈侯、蔡侯在厥貉结会，想去伐宋。宋国赶快去迎接楚王，表示服从楚国的命令，更引导楚王到本国孟诸地方去打猎。在猎时，宋公就为楚王右阵的领队，郑伯为左阵的领队。楚司马下令清早起就驾车载着引火的器物，宋公没有照办，楚左司马文之无畏便把宋公的仆人责打了去号令军中。厥貉之会麇国的君也在会中，私自逃回。茎至带兵伐麇，一直打到麇都锡穴。不久，楚兵又拘了舒国和宗国的君，围困了巢国。楚的威焰，真盛极了。

楚穆王去世，子侣立，是为庄王。他即位后，派令尹子孔和太师潘崇领兵去伐群舒中的舒和蓼两国，派大夫公子燮和子仪驻守国都。公子燮等作乱，派人刺杀子孔，楚兵无功而回。公子燮等更劫持了楚王出都，将到商密地方去，大夫庐戢梨等设计把他们引诱出来杀死，一场乱事方归平定。

不久，楚国闹了大灾荒。戎人起来攻击它的西南方，打到阜山，进驻大林；又攻击它的东南方，到了阳丘，进攻訾枝。庸人也带领了群蛮叛楚。麇人也带了百濮之族在选地聚会，预备去伐楚。楚国申、息两地的北门都戒了严，时局非常严重。楚人商议迁都到阪高。大夫芳贾反对道："我们去得，敌人也去得。我们愈退让，敌人就愈进攻。不如尽力抵抗，敌人见我们虽遭荒年，仍能抵抗，野心或许会消灭呢！"庄王听了他的话，出兵，刚过十五天，百濮果然退去。楚兵从庐地前进，取出仓库里囤积的粮食，上下同心熬苦。他们驻兵在句澨地方，派庐戢梨带兵侵庸，打到庸国的方城。庸人出来追赶，把楚将子扬窗俘了回去。过了三天，他逃回对楚兵说道："庸兵很多，群蛮都聚在一起，不如回去兴起大兵，合并王室的军队一同前进。"大夫师叔道："我们不如再用诱敌计去引诱他们，这就是我们先君蚡冒克服陉、隰的方略呵！"楚人用了他的计策与庸兵连战七次，都假意败退。庸人只派了裨、儵、鱼三邑的人追赶楚兵，他们大言道："楚人已不够和我们一战了！"他们就疏了防备。楚庄王乘驿车与大兵在临品相会，分军为两队，一队从石溪出发，一队从仞地出发，夹攻庸国。秦和巴两国也发兵帮助楚人。群蛮一看情势不对，立刻和楚国结盟。庸国势孤，就被楚灭了。

那时晋国几次用了大题目劳动诸侯伐宋讨齐，但结果都受了贿赂而罢手。郑国觉得晋国不足有为，便与楚国结盟，合兵侵扰服属于晋的陈、宋两国。晋赵盾领兵救陈、宋，在棐林地方联合宋、卫、陈、曹四国的兵伐郑。楚将芳贾领兵救郑，与晋兵在北林相遇；楚人俘获了晋将解扬，晋人就退兵回去了。郑国因宋国两次联合晋兵来犯，便受命于楚，派大将公子归生领兵伐宋，在大棘地方开战，宋兵大败；郑国捉了宋军的主将华元。杀了副将乐吕，又俘获甲车四百六十乘，生擒二百五十人，斩馘百人。楚方的气焰如此高张，晋方的霸业当然是中衰了。

庄王既败了晋兵，收服了郑国，不久他又起兵伐陆浑之戎，直逼雒水，在周朝的疆界上耀武扬威。周定王派大夫王孙满去慰劳庄王，庄王便问他九鼎的大小如何，轻重如何，大有把它搬走的意思。王孙满见庄王来意不善，便用话折服他道："一国的兴亡在于德不在于鼎：道德修好了，鼎虽小还是重的；道德不好，鼎虽大也就变得轻了。从前成王定鼎于郏鄏的时候，曾卜过周王有传三十代享七百年的天下，这是老天爷的命令，无人能改变的。现在国势虽衰，天命还没有完，鼎的轻重尚未可问呢！"庄王听他的话强硬，知道周朝未可轻视，就班师回去了。

那时郑国因连被晋兵侵伐，已与晋讲和；楚庄王又起兵侵郑，未得胜利。不料国内又起大乱，令尹斗椒作乱，杀死司马芳贾，驻兵蒸野，想进攻王室。里至用文、成、穆三王的后裔做了抵押去与斗椒讲和，斗椒不受，进兵漳澨。庄王下令讨伐，与斗椒的兵在皋浒开战。斗椒善于射箭，他一箭穿过庄王的车辕，射到鼓架，着在锣上。又射一箭，又穿过车辕，着在盖上。王军大惧，向后倒退。庄王派人宣谕各营道："我们先君文王打胜息国的时候，得到了三枝利箭，两枝被斗椒偷去，现在已放完了。"经此宣示，军心大定。庄王擂鼓进兵，一战就把斗氏灭了。

庄王既平大乱，又两次起兵伐郑。陈国见郑国被侵，与楚联和。晋大将荀林父和赵盾连次领兵救郑伐陈。楚人也第三次出兵伐郑，逼服了郑国。不久郑国又背楚向晋；晋、鲁、宋、卫、郑、曹诸国同盟于黑壤，周王也派了王叔桓公来监盟，一时晋霸颇有中兴的气象。楚人北征不利，知道要图中原必须先平定南方。恰巧那时群舒背叛楚国，庄王起兵伐灭舒和蓼两国，画正了疆界，一直来到滑水旁边，与吴、越两国结了盟，方总回去。从此楚国在江、淮流域的势力渐渐巩固，他们再回头来经营北方。

那时陈国已降了晋，庄王起兵伐陈，陈又附楚。晋国邀合宋、卫、郑、曹诸国在扈地结会，陈侯只不来与会，晋荀林父带了诸侯的兵伐陈。不幸晋成公在扈地去世，诸侯的兵无功而回。楚国因郑国始终服晋，又起兵伐郑。晋将郤缺救郑，郑伯把楚兵在柳棼地方打败。郑兵虽然有功，大臣子良害怕楚国报仇，不久反与楚讲和。诸侯的兵伐郑，又取了和回去。隔了些时，楚庄王再伐郑；晋将士会救郑，在颍水的北面赶走楚兵，派诸侯的军队驻守郑地。庄王哪里肯息，他又伐郑，攻到栎地。郑大臣子良说道："晋、楚两国不务修德，专用武力相争，我们只得做个随风船了！"于是楚、郑、陈三国盟于辰陵。

郑、陈既服，楚兵顺便侵宋。庄王就驻在郔地等待消息，命令尹芳艾猎（即孙叔敖）修筑沂城，进逼北方。不久又因陈大夫夏征舒弑了国君，庄王伐陈讨乱，下令陈人不必惊慌，只讨伐夏氏一家，他就进攻陈都，把夏征舒杀死。那时陈的新君成公正在晋国，庄王下令把陈国改为楚国的县。大夫申叔时从齐国回来，劝谏庄王道："夏征舒弑君固然有罪，你讨伐他是很对的。但是有句俗话道：'牵着牛去踏人家的田，田主把牛夺了，牵牛踏田的人固然有罪,然而就因此夺了他的牛,罚也太重了。'你现在取了陈国,正和夺人的牛一样,恐怕诸侯要不服的。"庄王听了他的话,就重封了陈国,只在陈国每乡带走一个人,安置在一处,把那块地称为"夏州",纪念他讨夏氏乱的功绩。

　　辰陵盟后,郑又附晋,庄王大怒,起兵把郑都围困了十七天。城将攻破,郑人聚在祖庙里痛哭,预备出来死斗。庄王下令退兵,想招降郑人。哪知郑人修好城池,仍旧抵抗楚兵。楚兵重围郑都,攻了三个月,才把郑都攻破。楚兵从皇门进到大街,郑伯袒着衣服,牵了羊去迎接楚军,向楚庄王哀求讲和。庄王答应了他,退兵三十里,派大夫潘尪进城与郑伯结盟。郑臣子良也到楚国去做了抵押,从此郑国就服了楚了。

　　晋国发动大兵救郑,到了河上,听见郑已服楚,元师荀林父就想回去。上军将领士会也说,楚国方强,不可与争,主张退兵。中军佐将先谷反对退兵的主张,说道:"在我们的手里失掉霸业,我们没有面目活在世上,不如死!"他竟带领所部渡过河去。司马韩厥劝荀林父道:"先谷带了偏师去陷敌,你是元帅,部下不听命令,你的罪大了,不如一同进兵,就是打败,三军将佐同分其罪,总比你一个人得罪好些。"于是晋军全部渡河。楚庄王统兵北进,驻在郔地,想使战马在黄河里喝了水就回去。听见晋兵已渡河,庄王便想班师。嬖人伍参主张开战;令尹孙叔敖反对,他拨转了车马。庄王听了伍参的话,下令改辕北向,驻兵在管地等候晋兵。晋军驻在敖、鄗二山之间。郑国派人去到晋营说道:"我们的从楚只是想保全社稷,并非真心与楚要好。楚兵骤胜已经骄傲,他们的军队也已疲乏了,又不设防备,你们若加以攻击,我们做个帮手,楚兵一定大败的。"晋军诸将听了郑使的话,纷纷争论,仍不得结果。楚王连派使者两次到晋军去议和,晋人已经答应和议,定下了结盟的日期。哪知楚人议和并非真心,他们又派了人来向晋军挑战;到晋人出营追赶时,他们又逃跑了。晋将魏锜、赵旃因求高官不得,心里怀恨,想使晋军失败,力请也去挑战,荀林父不许。他们又请奉了使命去讲和,荀林父答应了。不料他们去到楚营,反向楚军要求开战。当他们二人到楚营去后,晋上军将领士会、郤克都请准备战事。先谷大意得很,又不赞成。士会单独行动,派部下巩朔、韩穿带领七支伏兵埋伏在敖山的前面。中军大夫赵婴齐也派手下人先在黄河里预备好了船只。赵旃夜里到楚营前,在军门外席地坐了,派部下冲进楚营去激战。楚王亲自出来追赶赵旃,赵旃把车丢了,逃入林中,衣甲都被楚兵抢去。晋人派屯守的兵来迎接魏锜和赵旃,楚将潘党望见车尘,派人赶紧报告大营道:"晋兵来了!"楚人也怕庄王轻入晋营,就全军出营结阵,孙叔敖下令急速进兵。楚兵雷击电驰般直冲向晋营,荀林父出于意外,不知所为,只管擂鼓下令道:"先渡过河去的有赏!"中军和下军争起船来,各个攀住船只争渡,两军自相残杀,砍下的手指在船里一抓就是一把。晋兵向右移动,独上军因士会的准备未败,中军因赵婴齐的准备,虽败而得先渡过河。楚军方面:工尹齐带领右军追赶晋国的下军,潘党带领游车四十乘跟从那从楚的唐侯的兵为左军,去进迫晋国的上军。士会自为后殿,带领军队缓缓退去,没有什么损失。楚军俘获了晋将知罃,知罃的父亲下军大夫知庄子带领所部回攻楚军,射杀楚将连尹襄老,抢了他的尸首;又俘获楚王的儿子公子谷臣,方才退去。到了夜里,楚军驻在邲地,晋的余兵不能成军,乘夜渡河逃去,一夜里声音不断。楚王进驻衡雍,祭了黄河的神,又筑起一所祖庙,告了成功,才班师回国。

这次晋军失败,并不是他们的实力敌不过楚人,乃是因军将不睦,从内里分崩开来,以致大败。晋兵回国,荀林父自请治罪;晋侯将要答应他,大夫士贞子把楚杀令尹子玉的事去进谏,晋侯听了他的话,命林父复位,这就成就了他后来灭狄的功绩。

楚国既大败晋兵,郑、许诸国都归附了,庄王又起兵攻破宋的属国萧。晋、宋、卫、曹诸国同盟于清丘,立约共救灾患,讨伐不服的诸侯。清丘盟后,宋国因陈服楚,起兵伐陈,卫国却反去救了陈。楚王亲征伐宋,讨他救萧和伐陈的罪。晋国也责问卫国救陈的罪,卫执政孔达自杀,由着国人拿他向晋国解说。

晋势稍振,又起兵伐郑,颁告诸侯,在郑地校阅车马而回。郑伯畏惧晋人,亲到楚国去,商议对付晋国的政策。那时宋国又杀了楚国聘齐的使臣申舟(即文之无畏),庄王大怒,立即起兵围困宋都。鲁国也来与楚国在宋地结会。宋公派人向晋国告急,晋国因邲战之败,不敢去惹楚人,只派了一个使臣解扬去安慰宋人道:"我们的军队已倾国前来,快要到了,你们不要就降楚!"解扬经过郑境,被郑人捉住献给楚兵。楚王向他送了厚赂，叫他去劝说宋人归降。他被逼不得已，假意答应。楚人把他放在楼车上面，命他招降宋人。他却依晋君的话吩咐了宋国。楚兵围宋过了九个月，在宋城外筑了房屋，又分兵回去耕田，以表示不胜不回的意思。晋国的救兵却是杳无信息，宋人大怕，派大将华元乘夜偷进楚营，直登楚元帅子反的床，劫他讲和道："敝国的人民互相掉换了儿子杀来当饭吃，拿人的骨头当柴烧，已经危险极了。但是要我们结城下之盟，我们虽到国亡也不肯做的，你们若能退兵三十里，我们当唯命是听。"子反被华元所劫，没有办法，只得与他结盟，把他的话转达楚王，退兵三十里。宋国就与楚结盟，命华元到楚国去做抵押。这时，鲁、宋、郑、陈诸中原国家都归附了楚国，楚庄王就做了第一任不经周王策命的霸主。这个霸主只是统一的王业的准备，和齐桓、晋文的尊王攘夷有大不同的地方了，这是另一个意义的霸主了。

晋国的霸业就此结束了吗？不，他们正在开拓北方，融化狄族，准备蓄积了力量再和楚国争这中原的霸权。